Pagina di anteprima

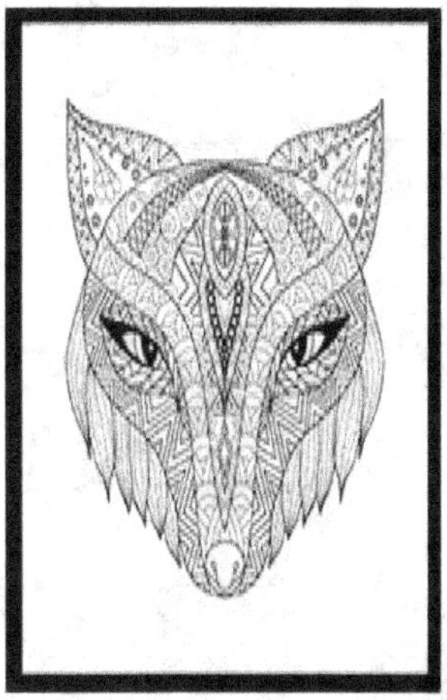
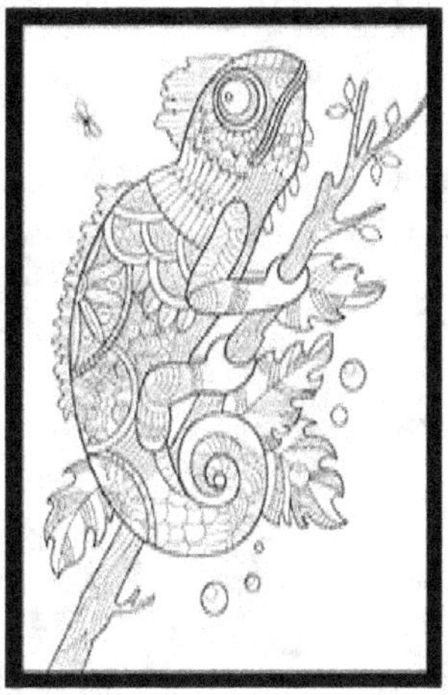
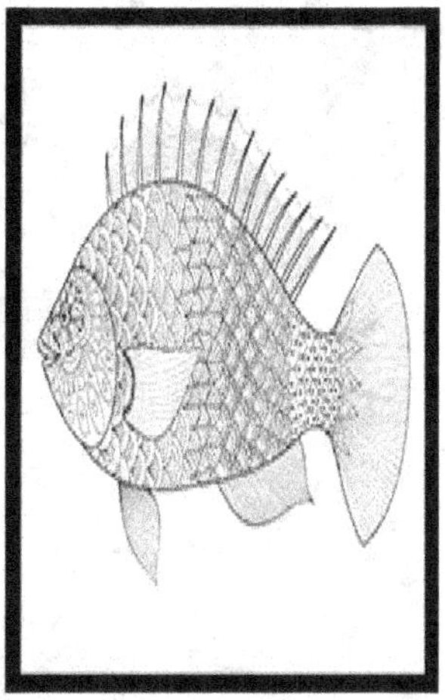
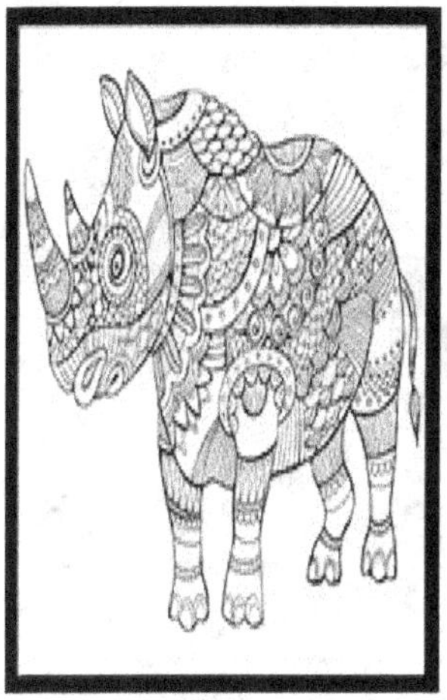
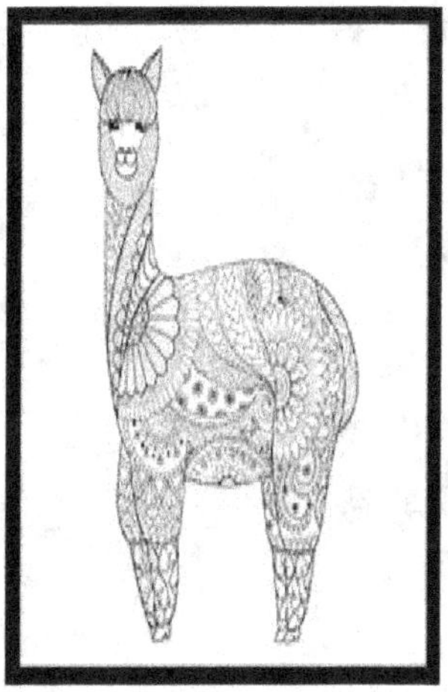
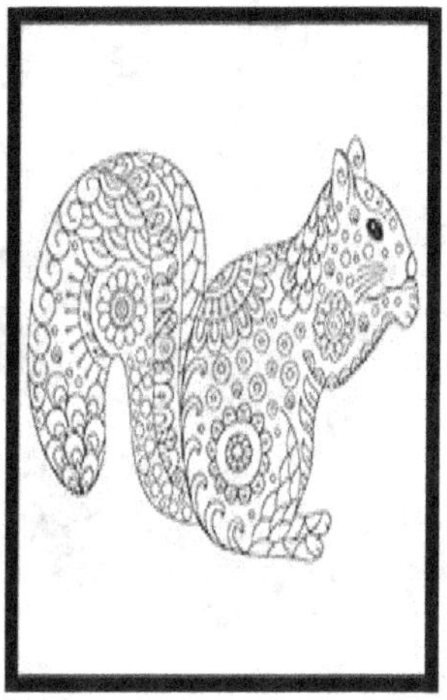
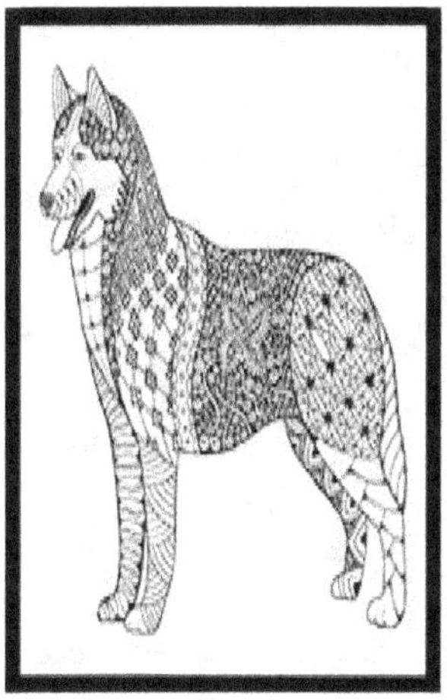
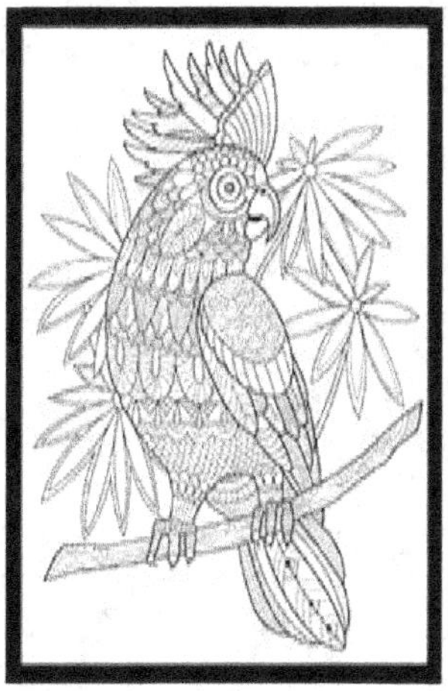
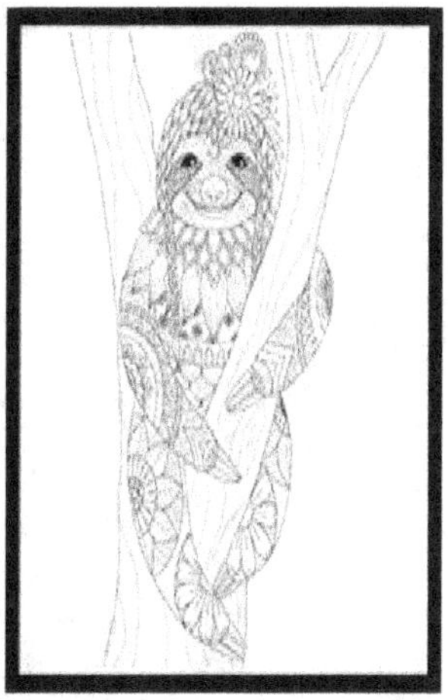

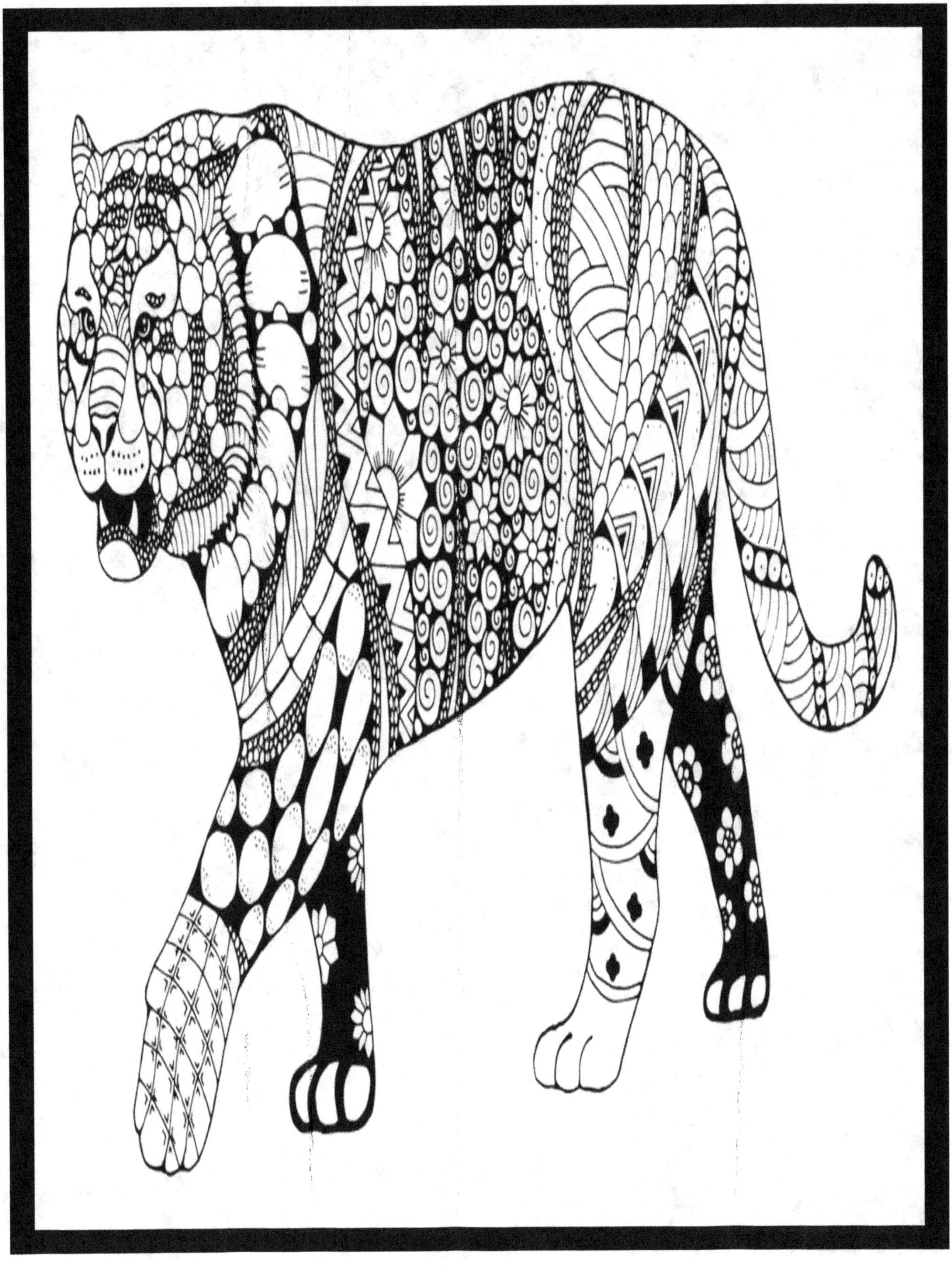

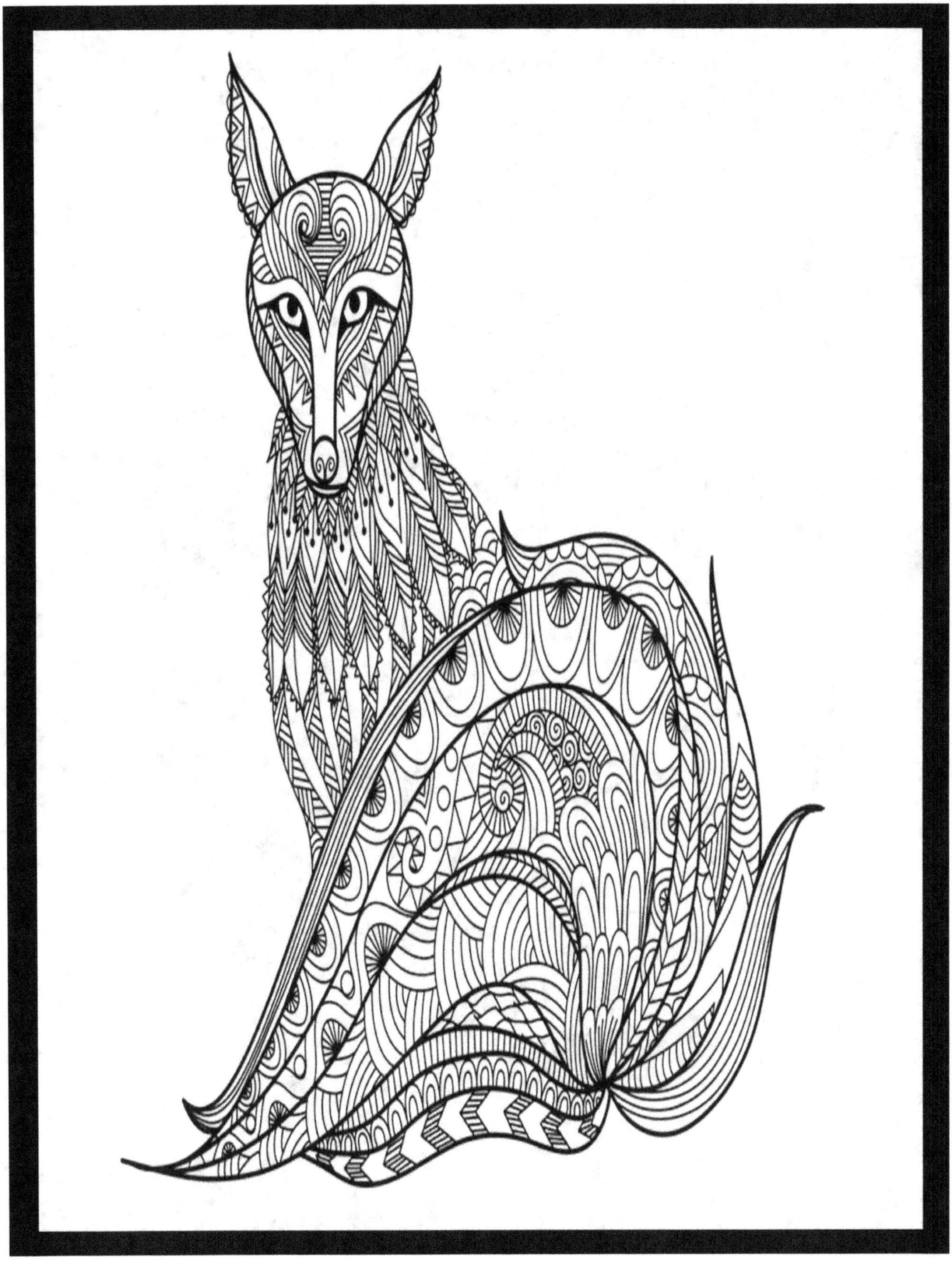

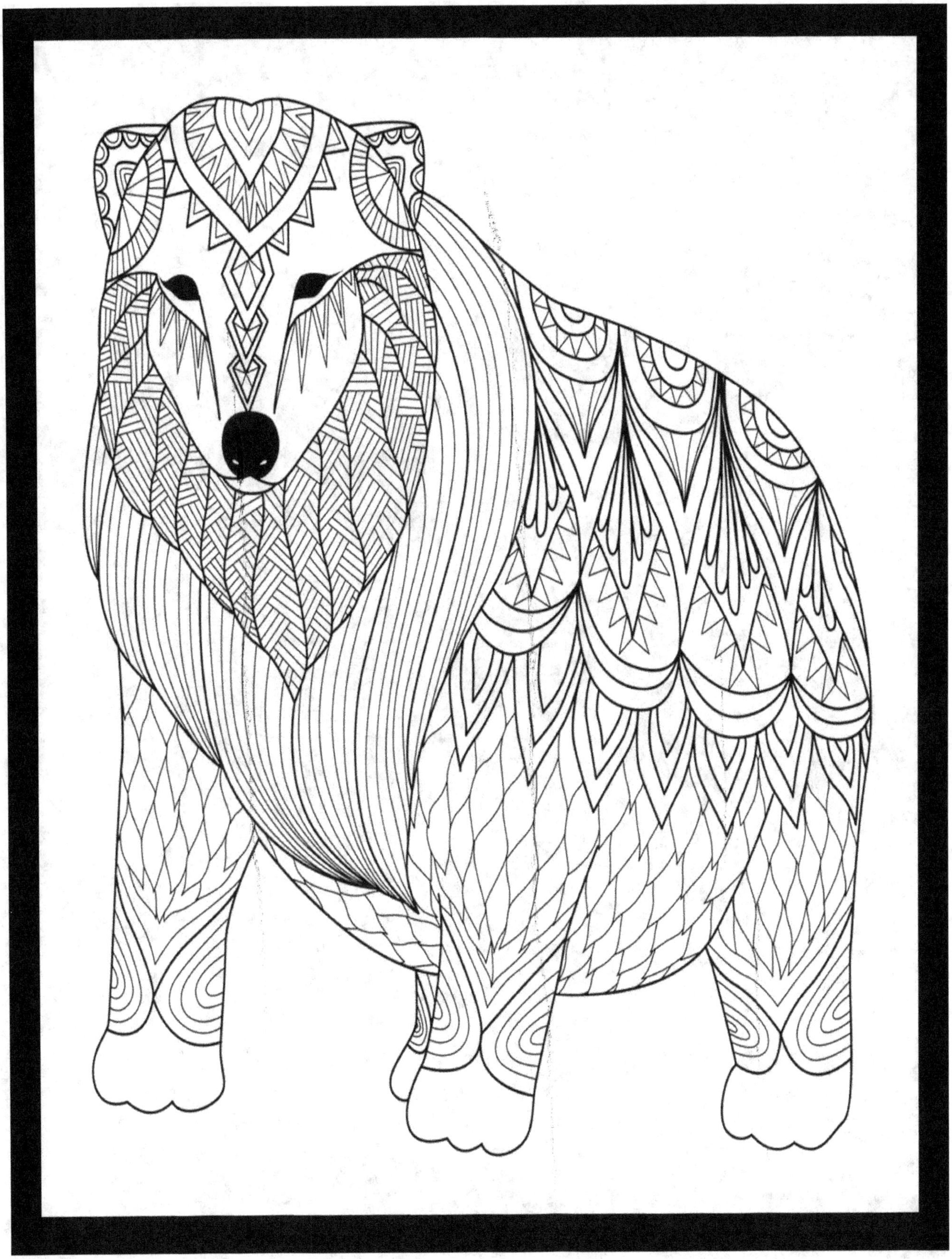

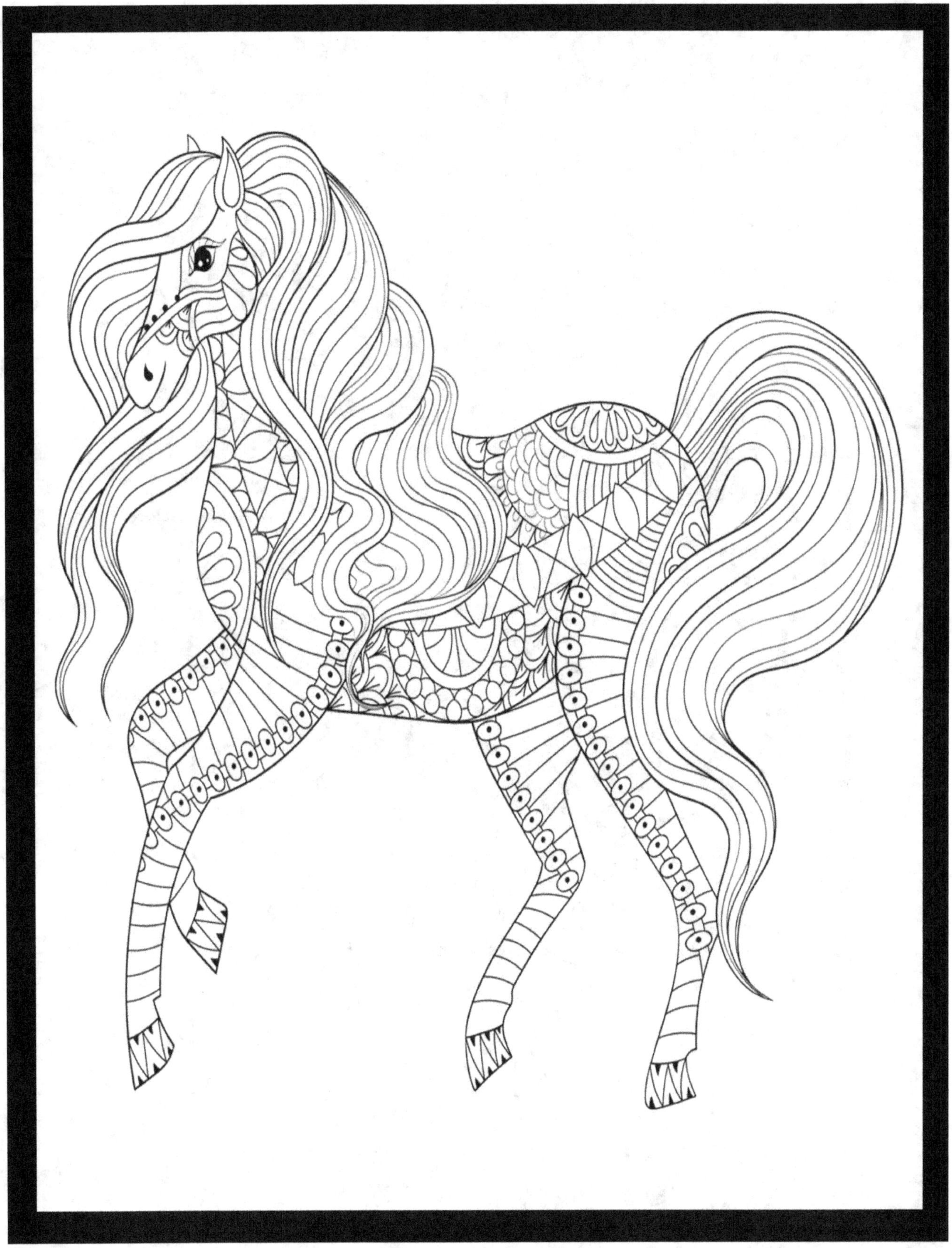

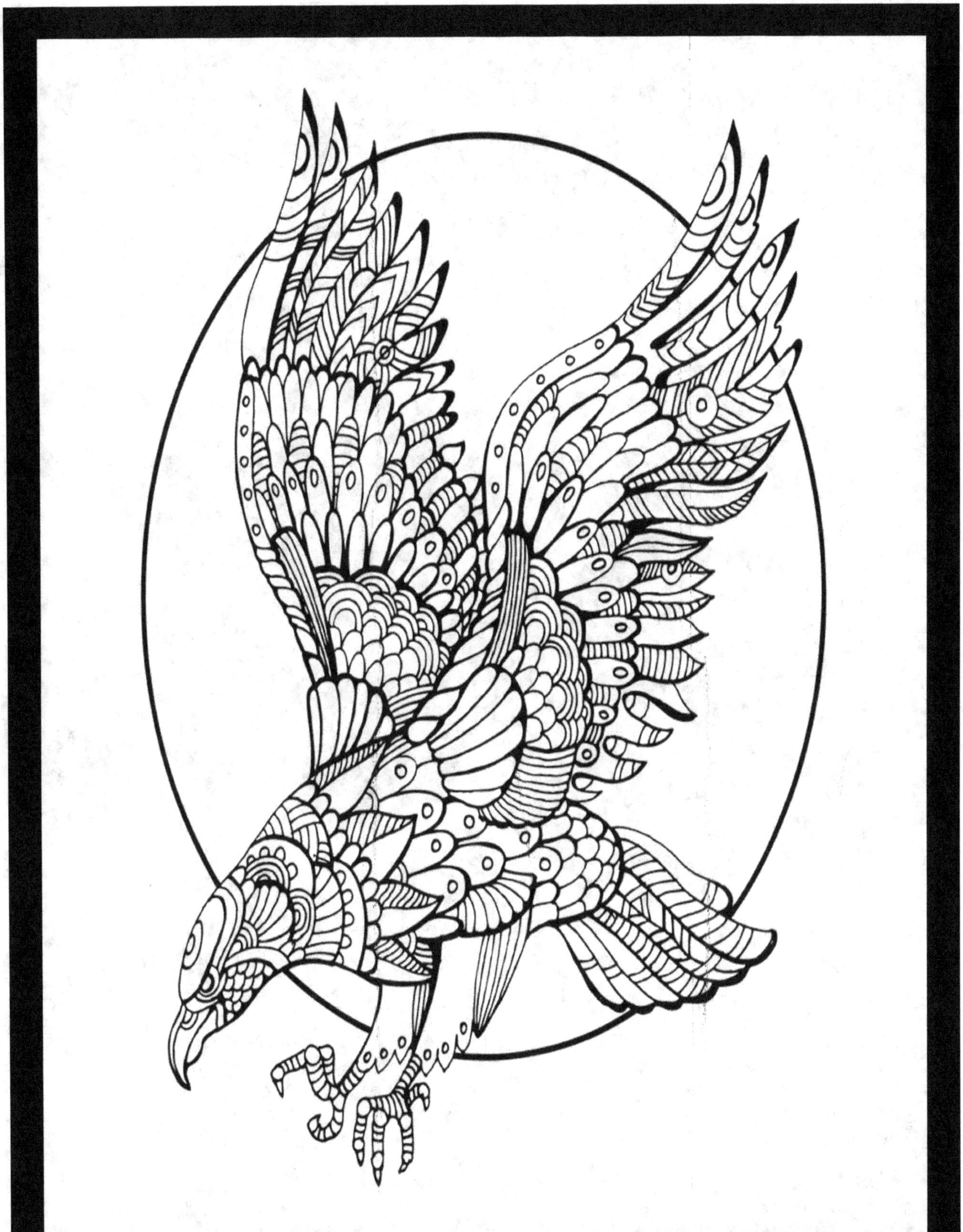

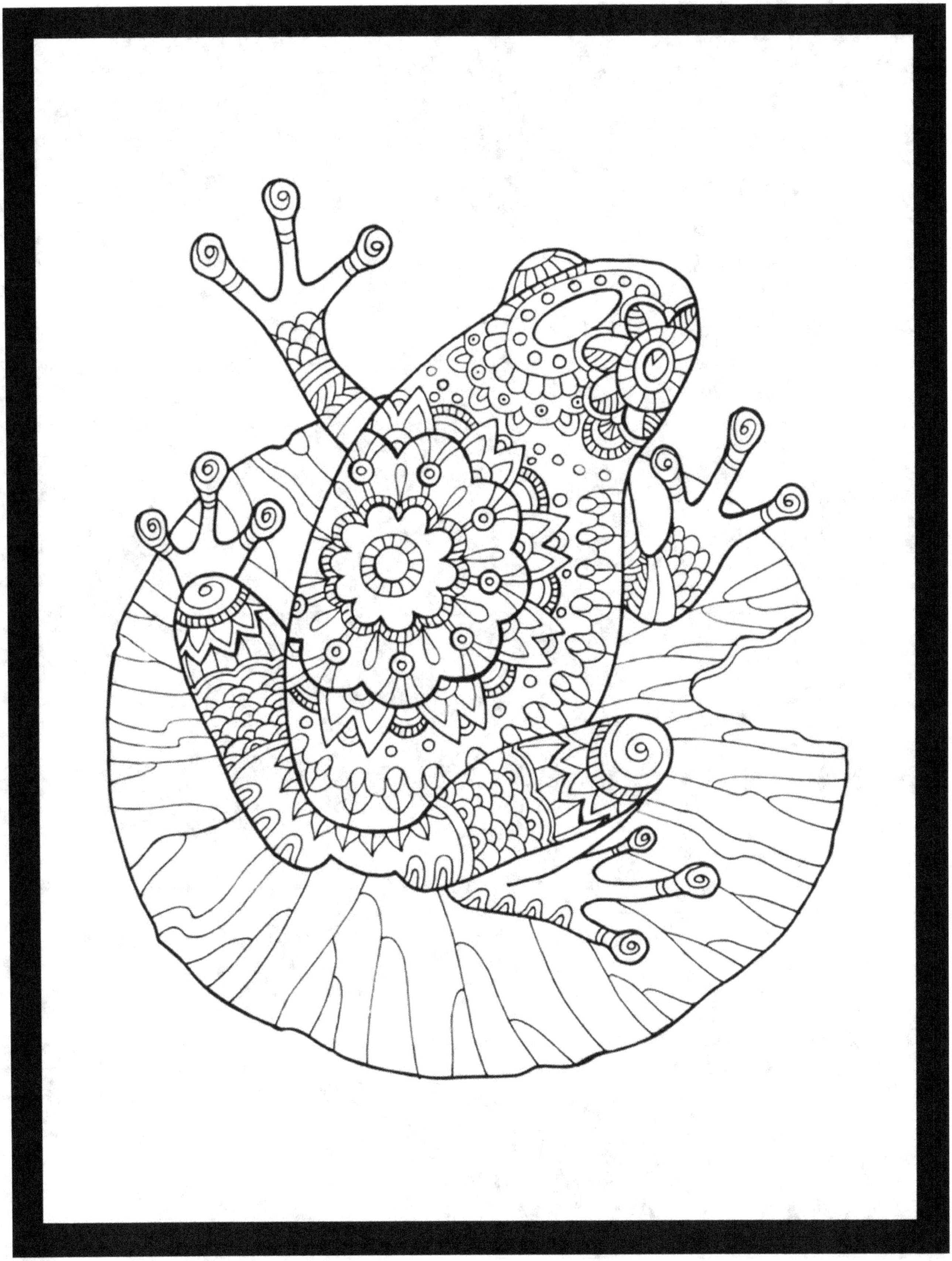

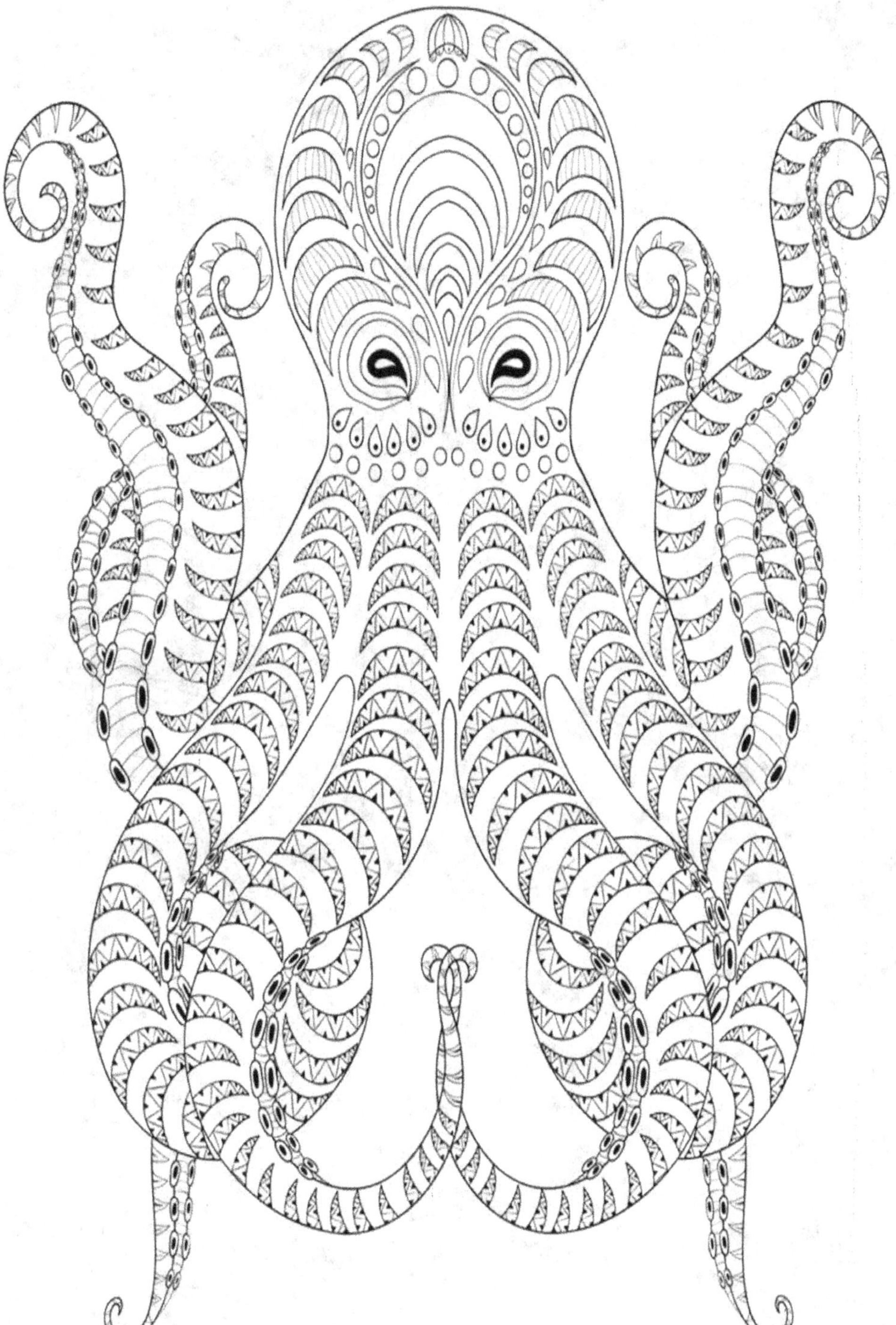

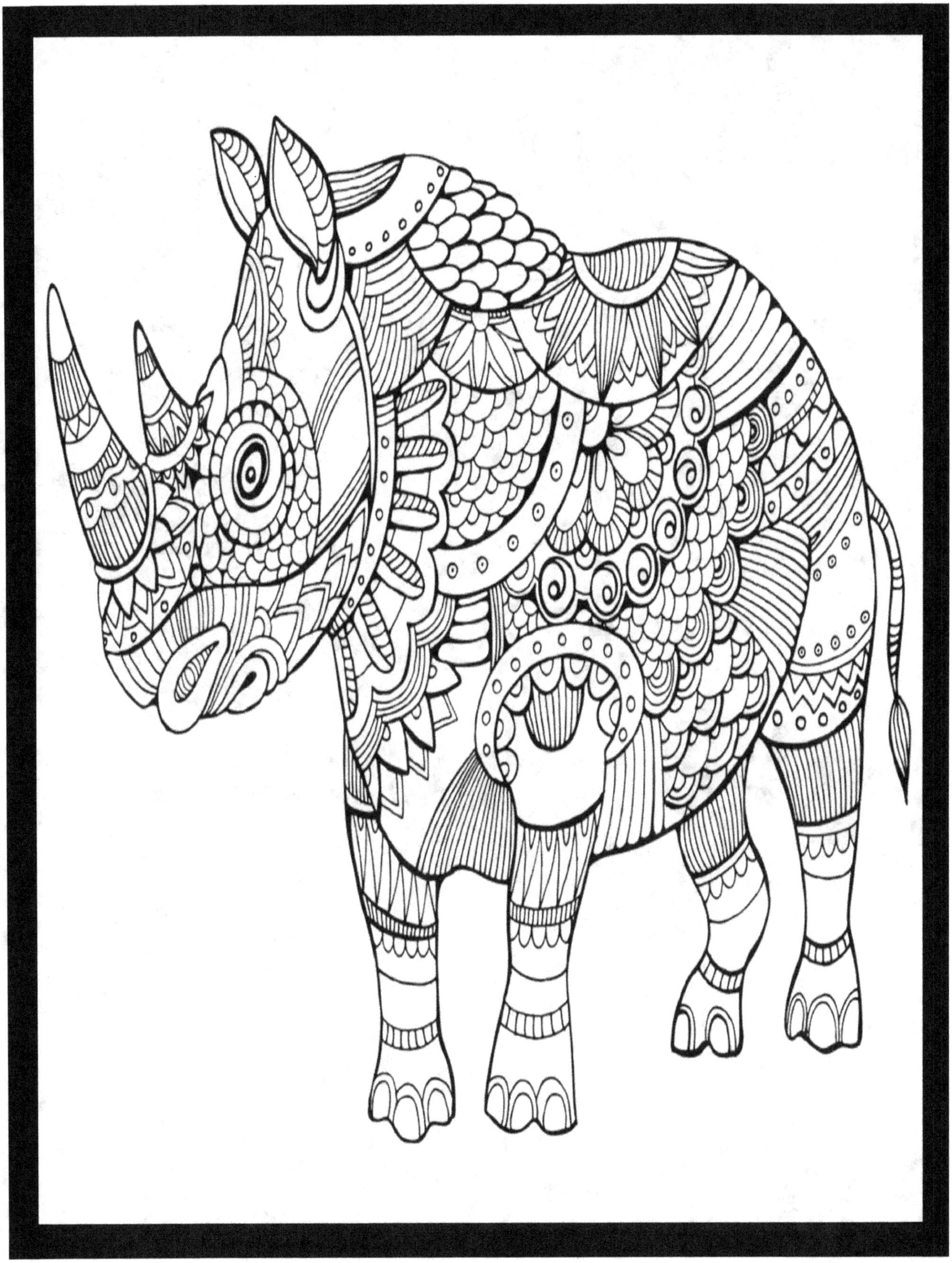

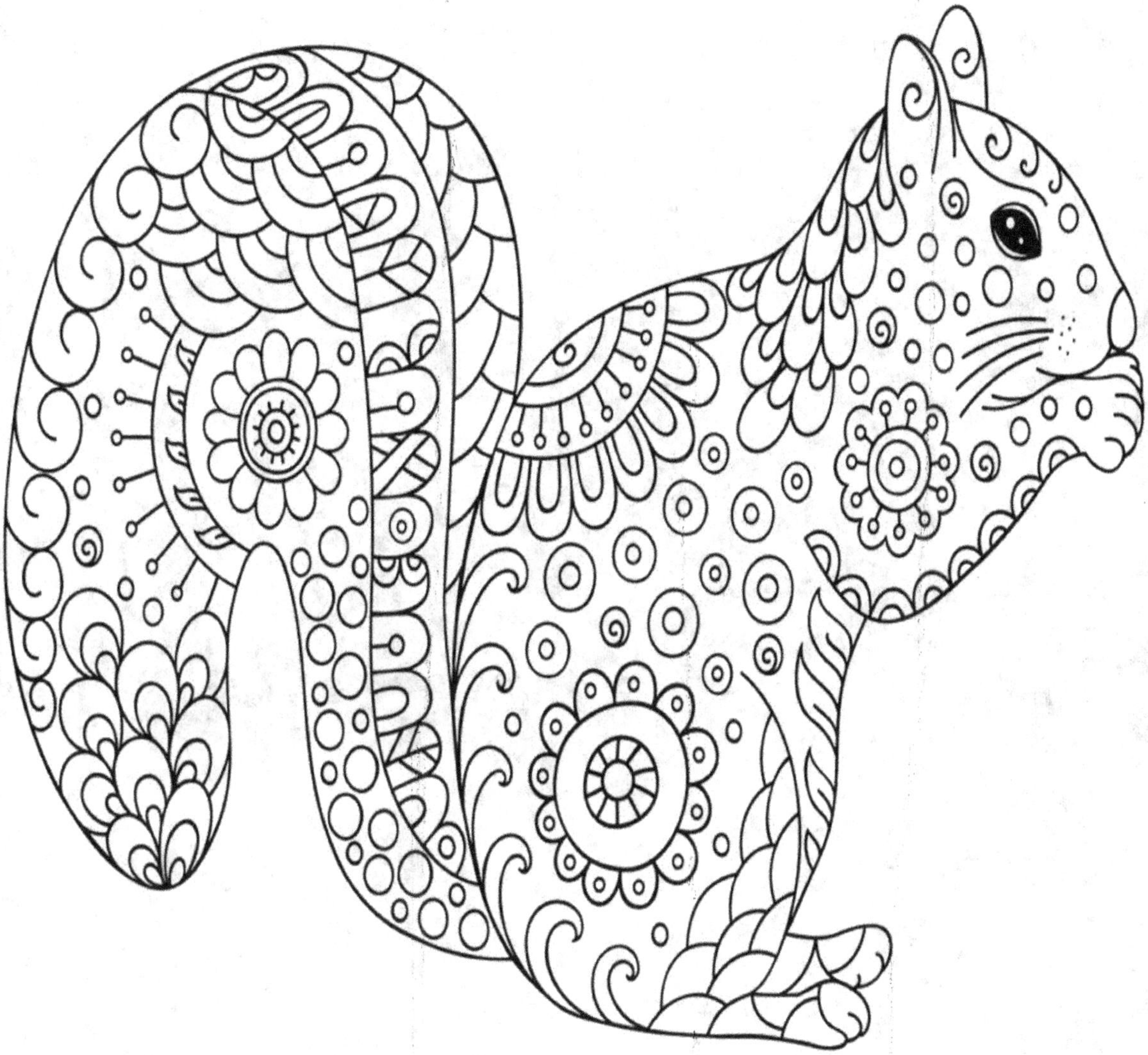

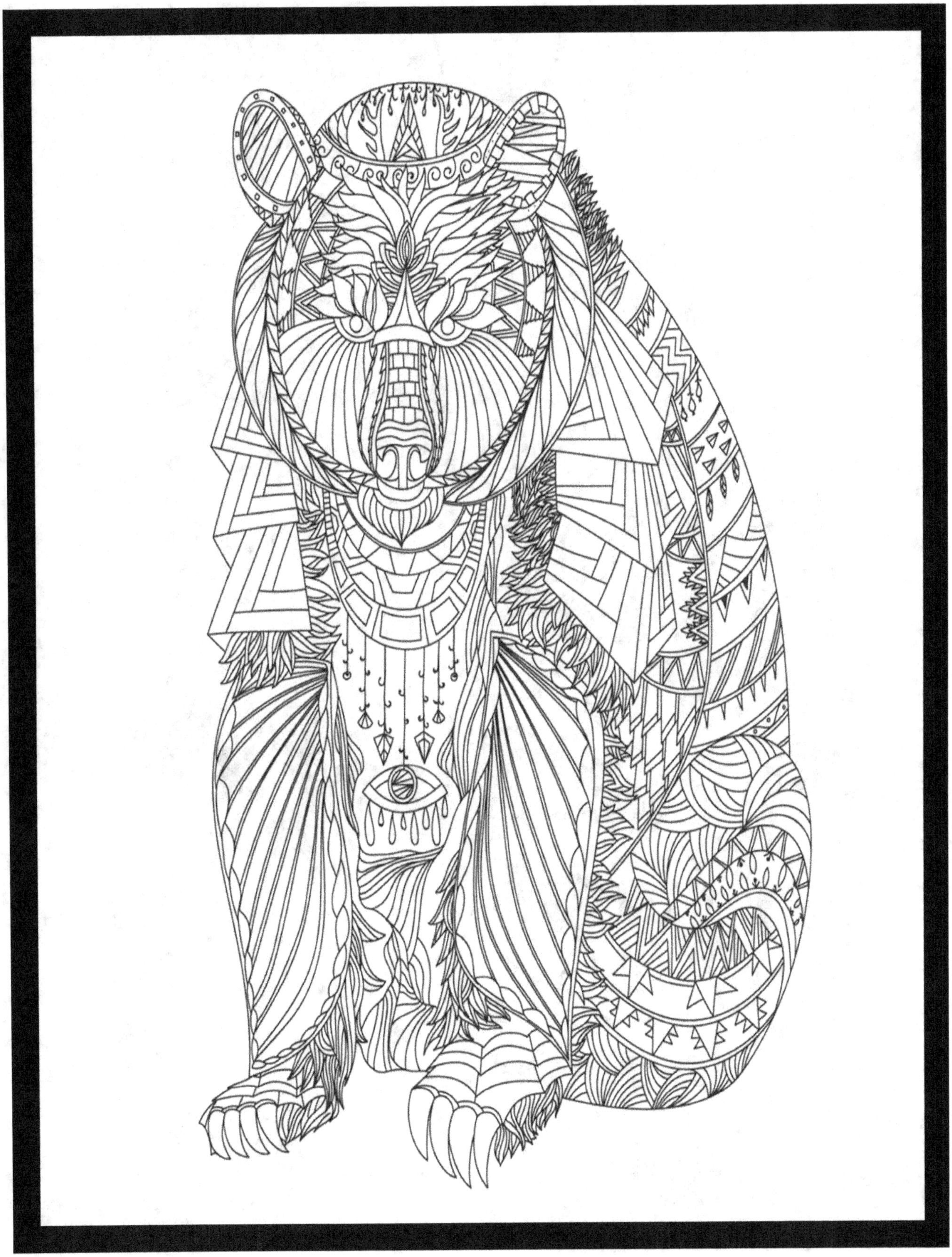

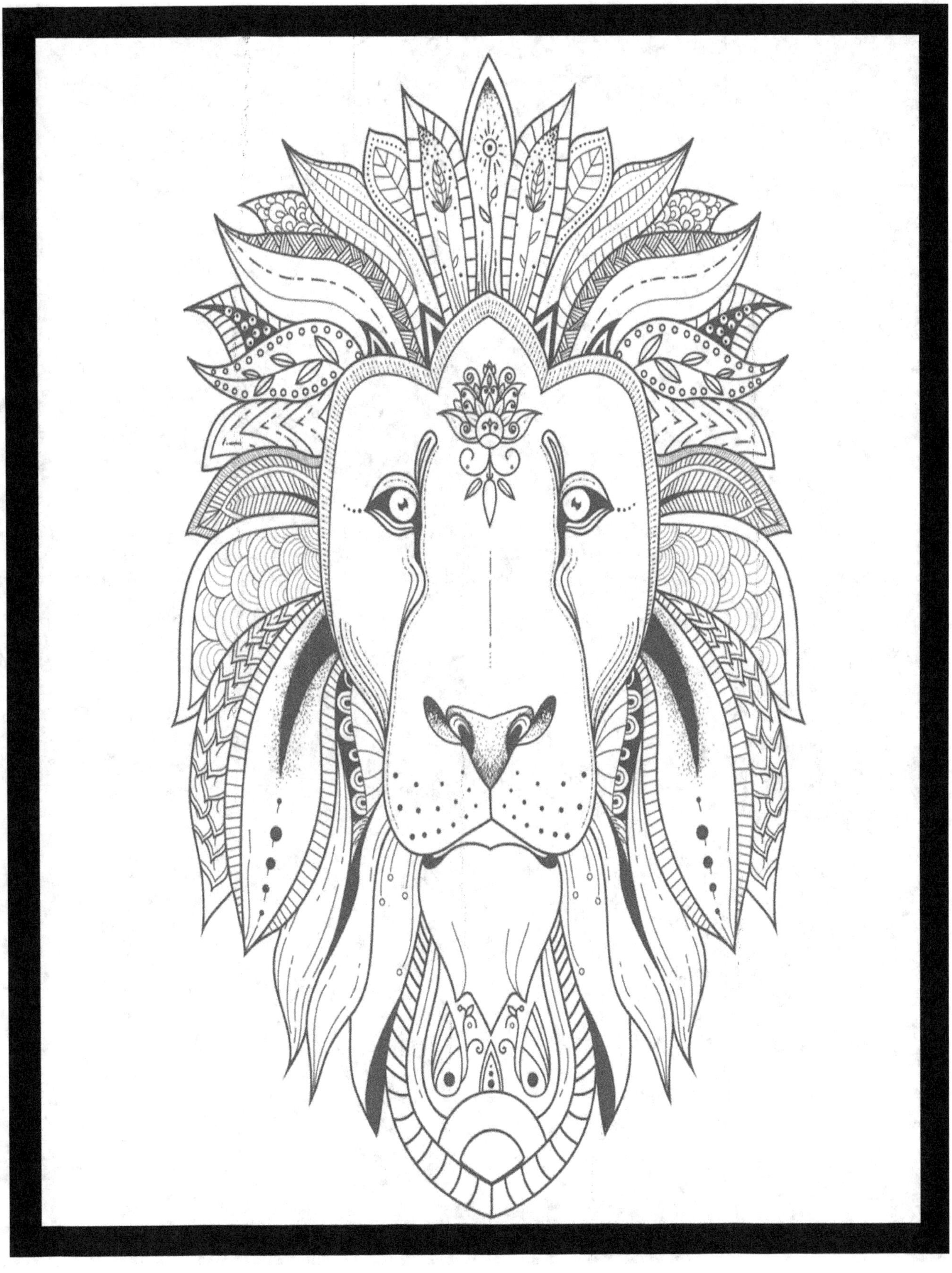

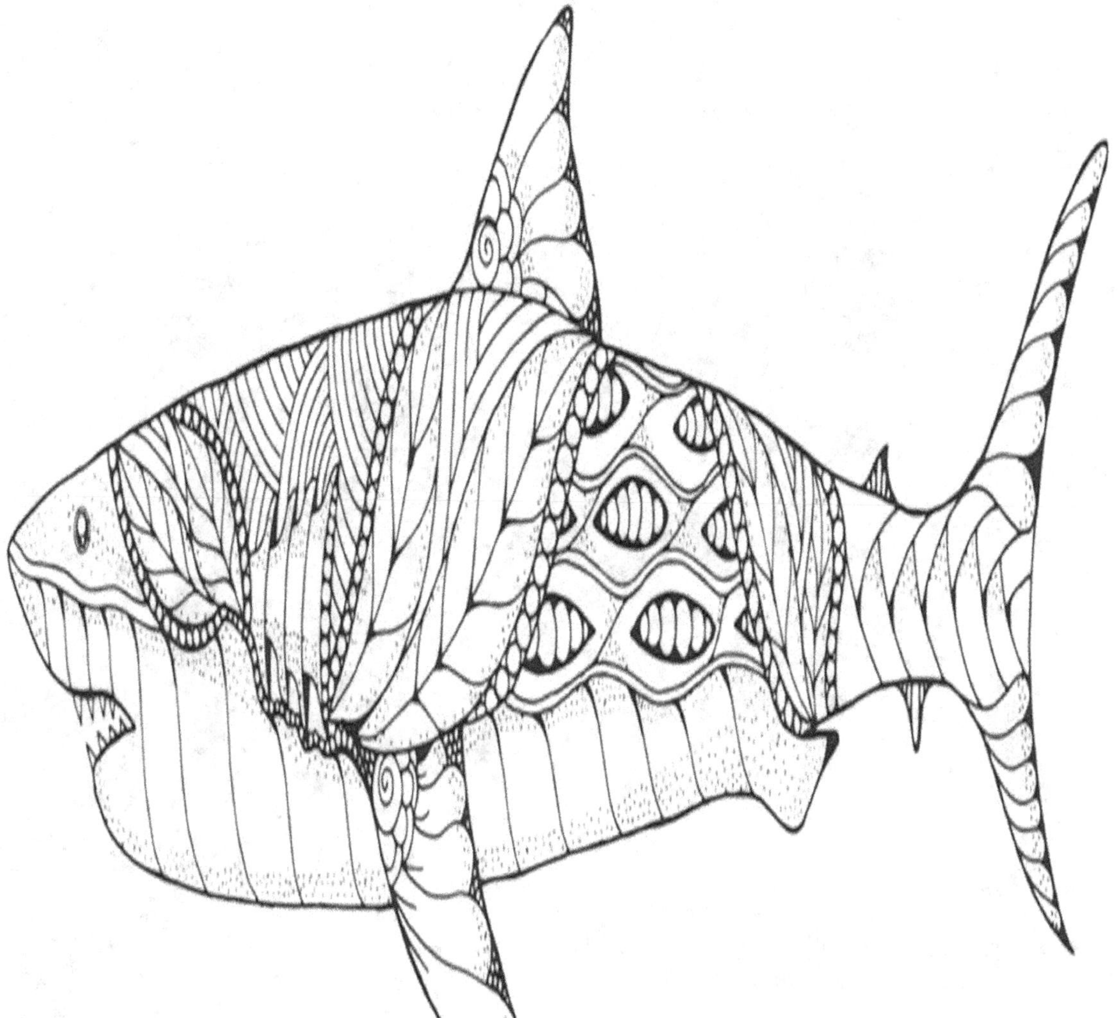

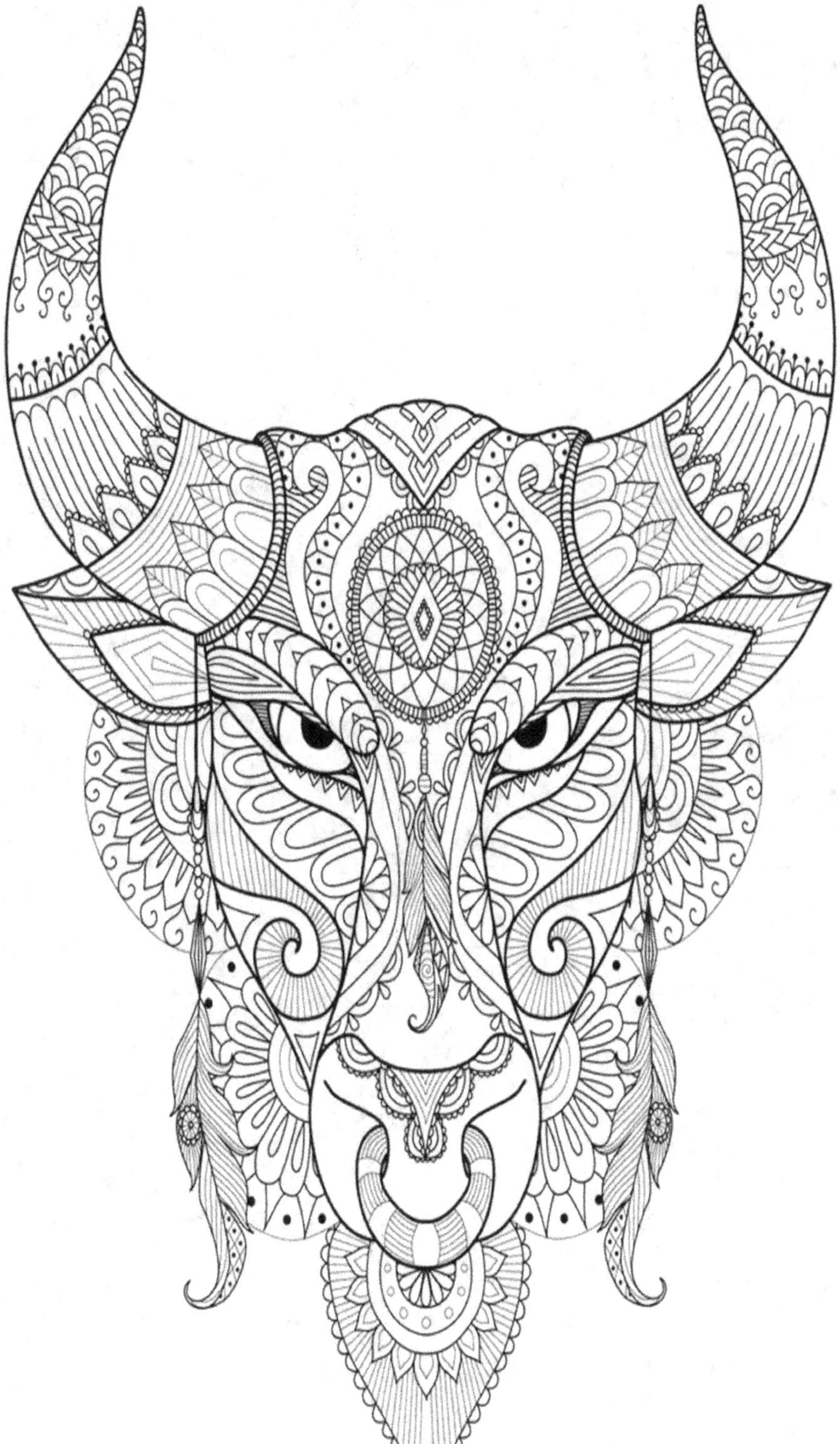

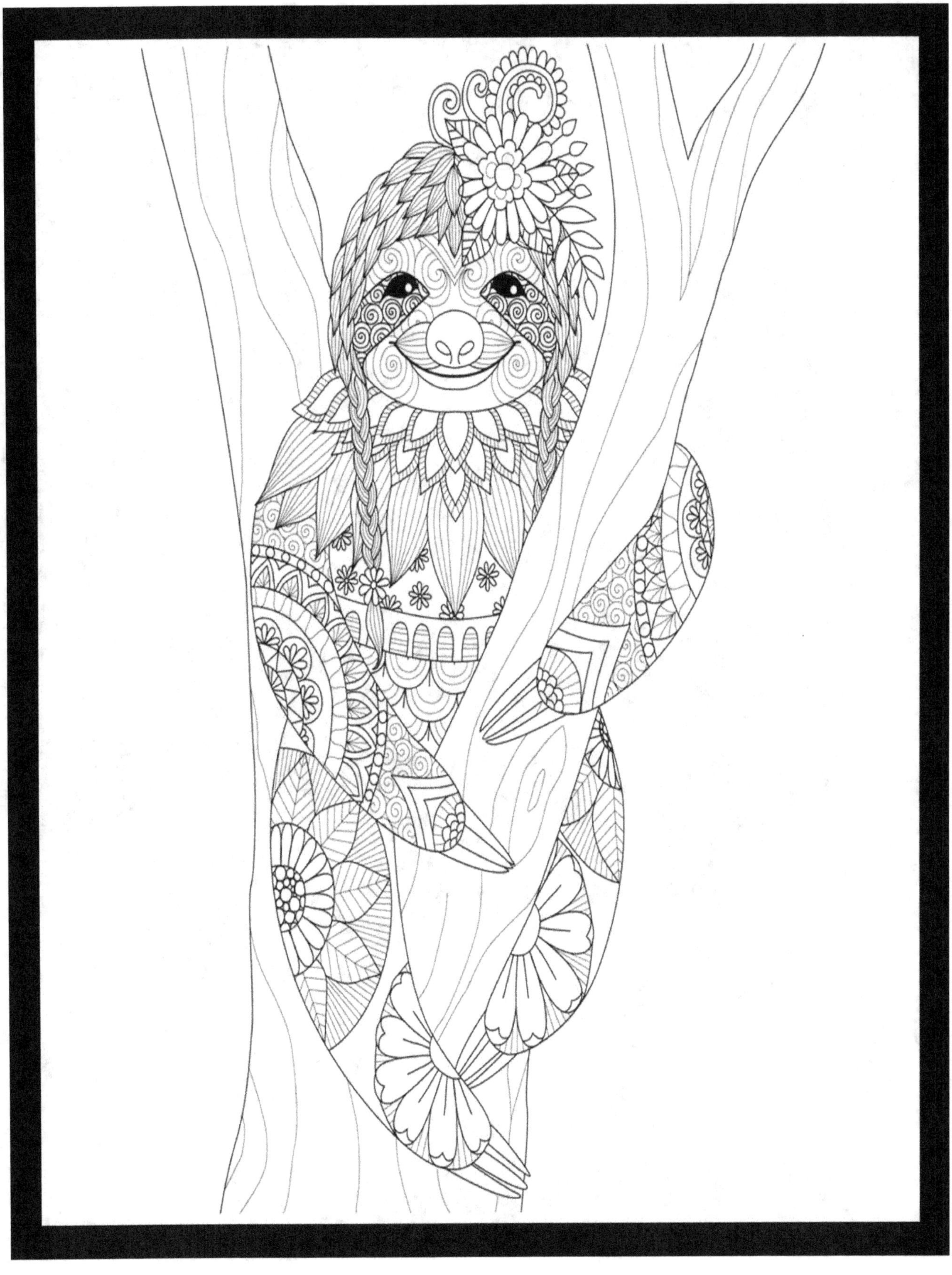

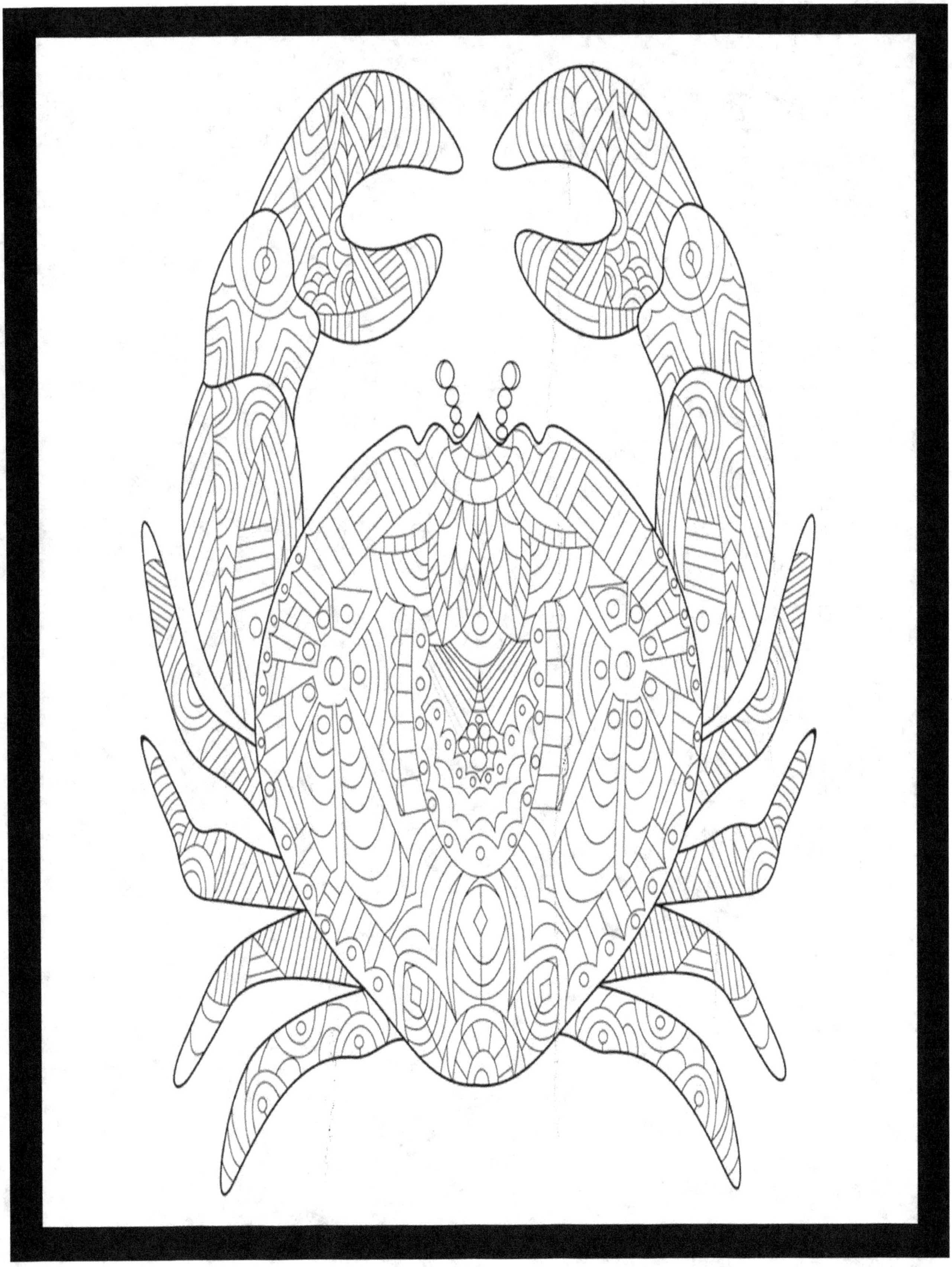

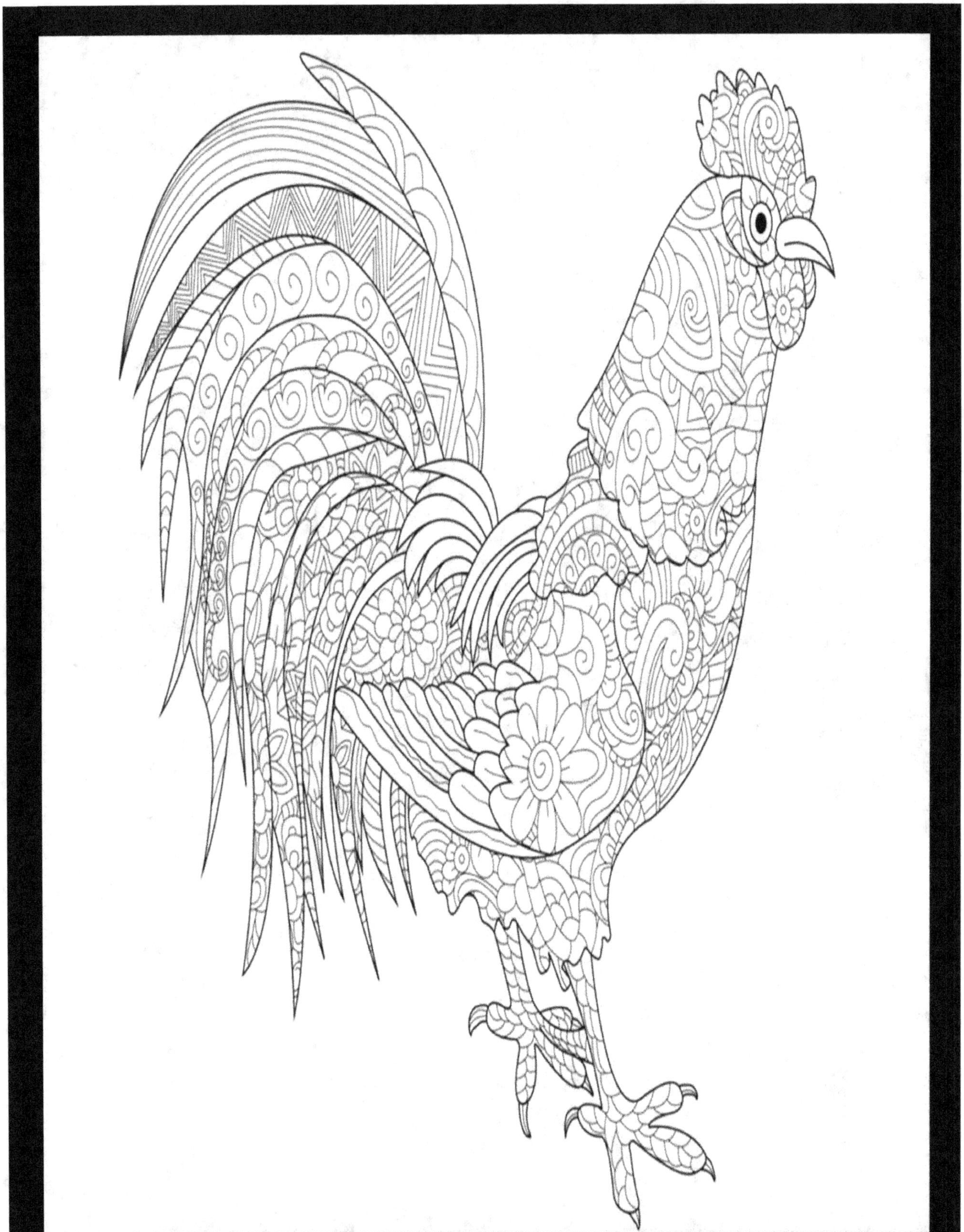

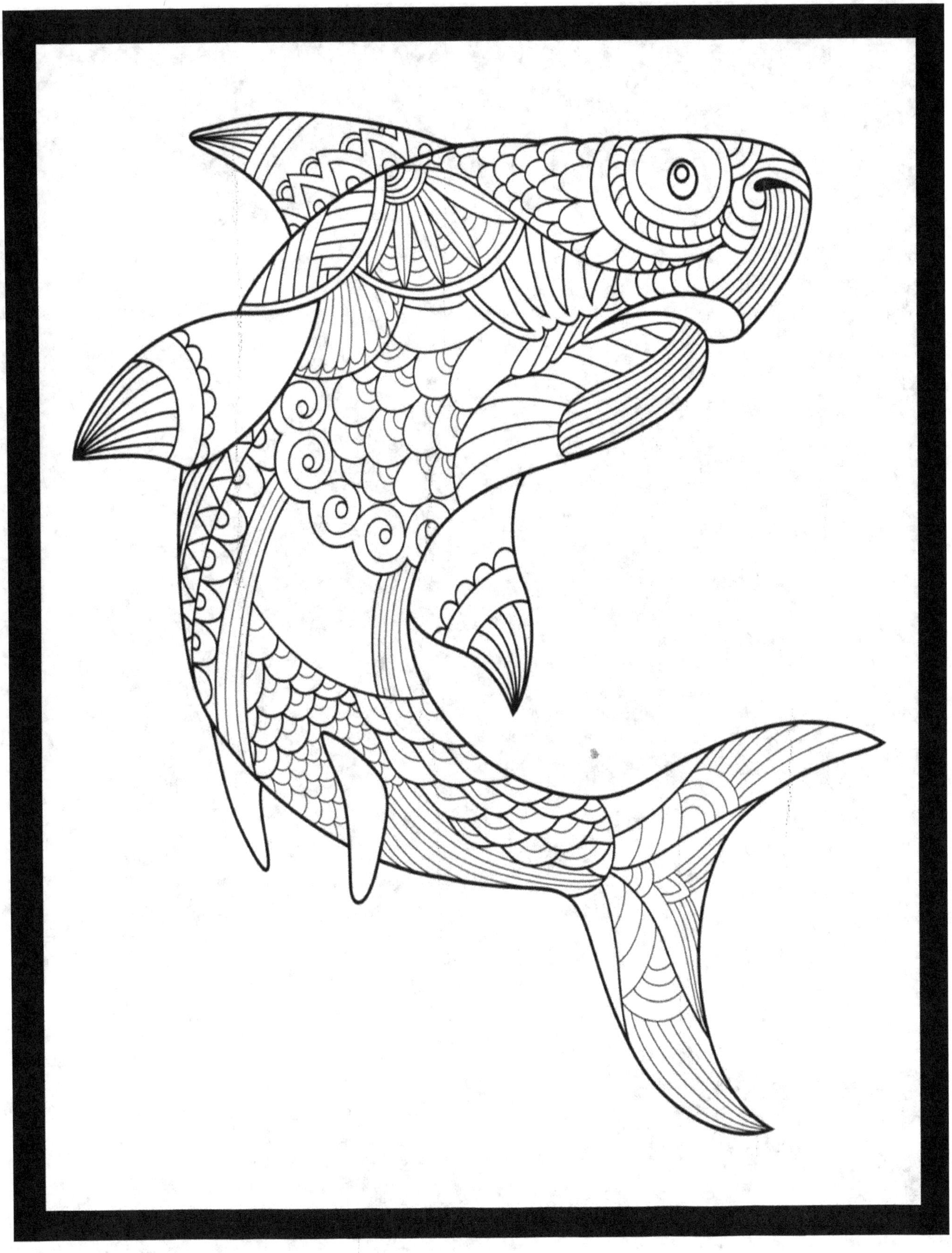

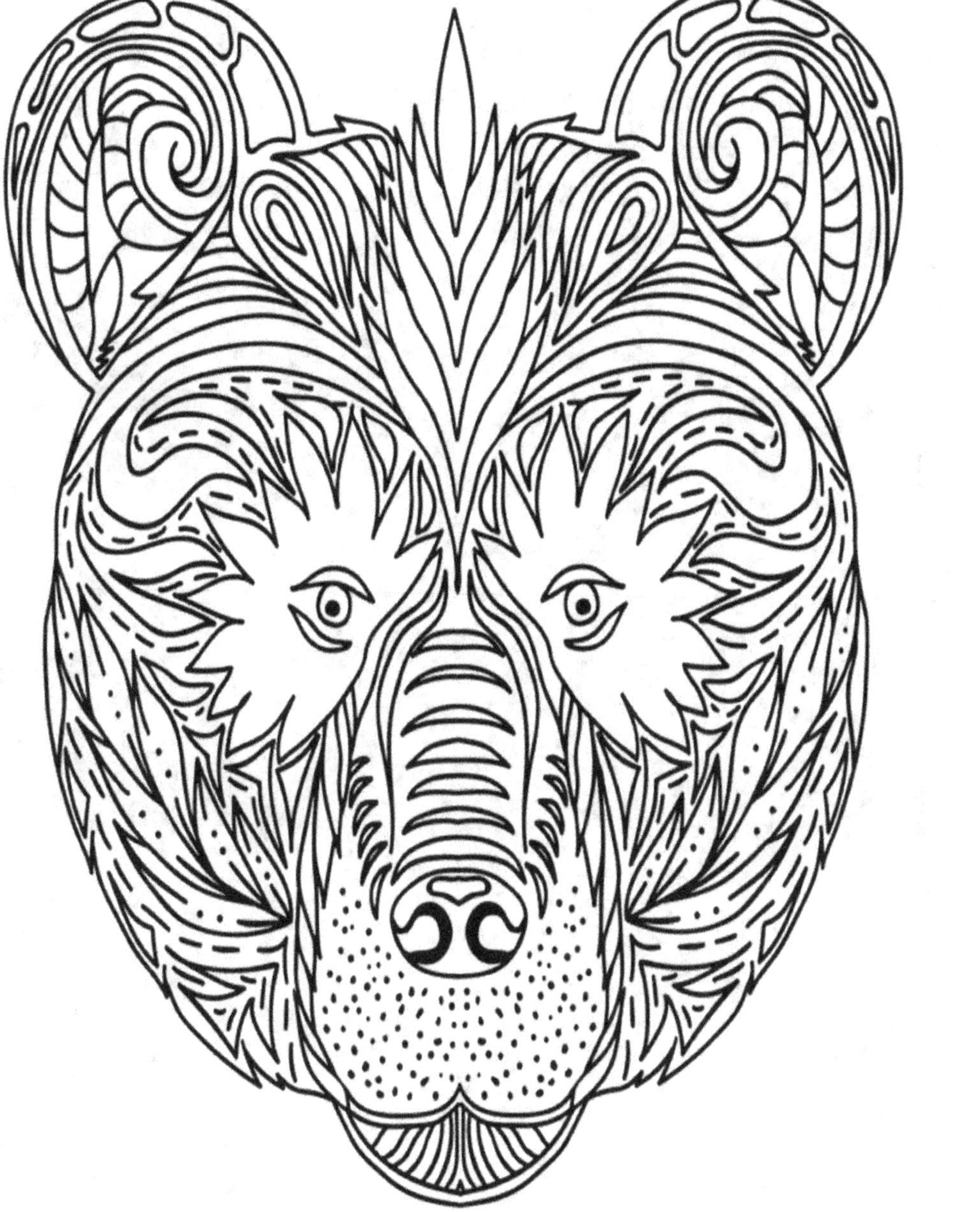

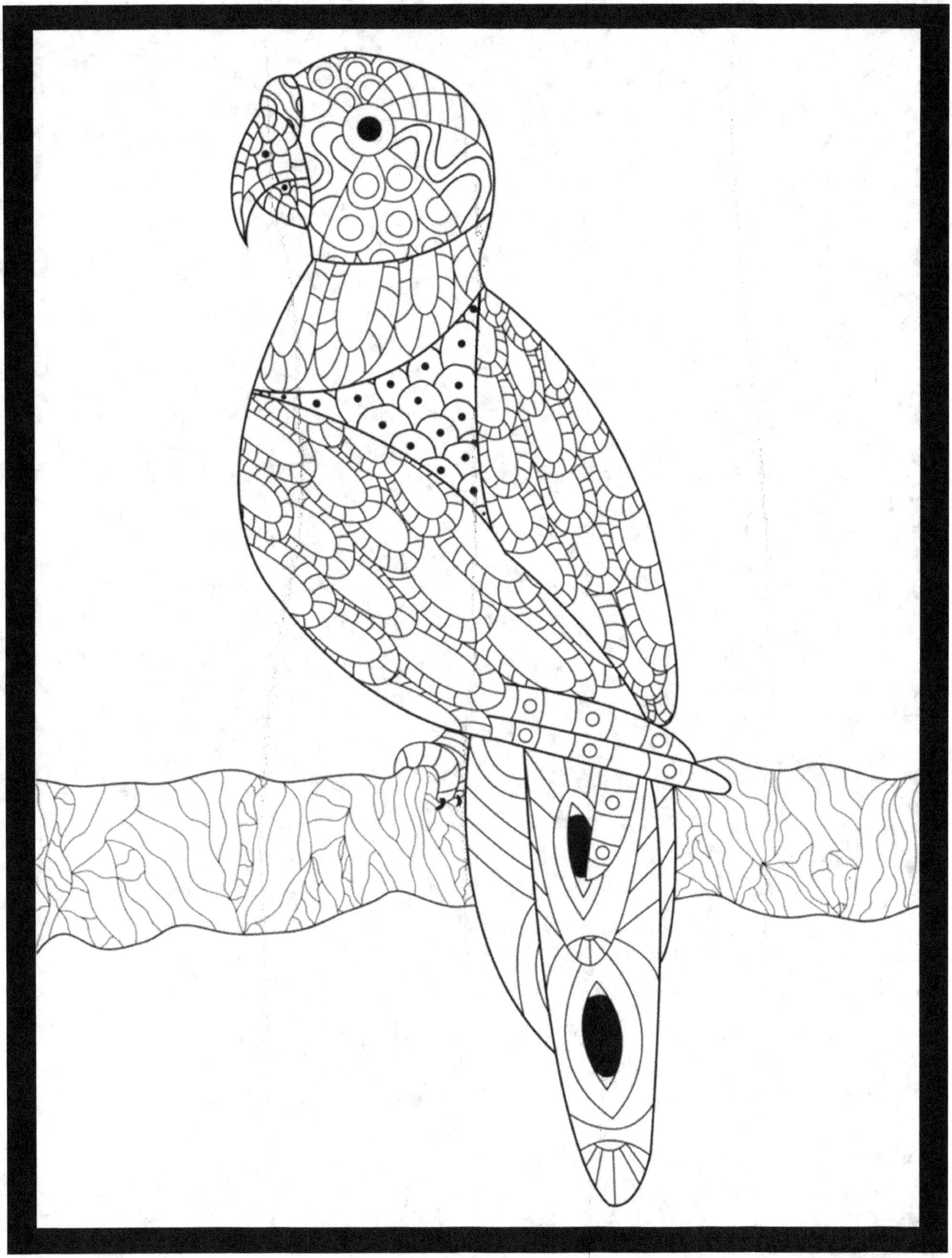

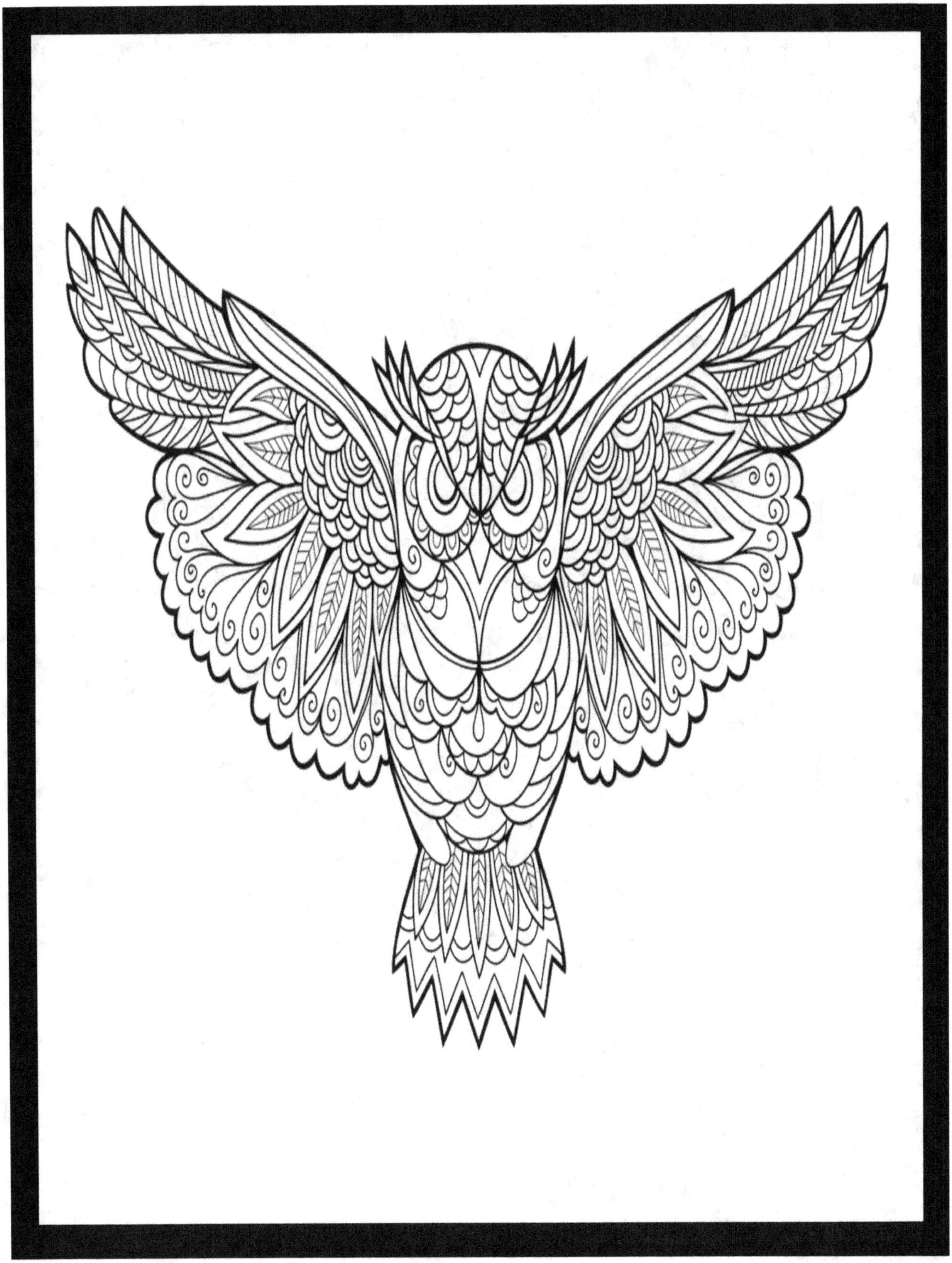

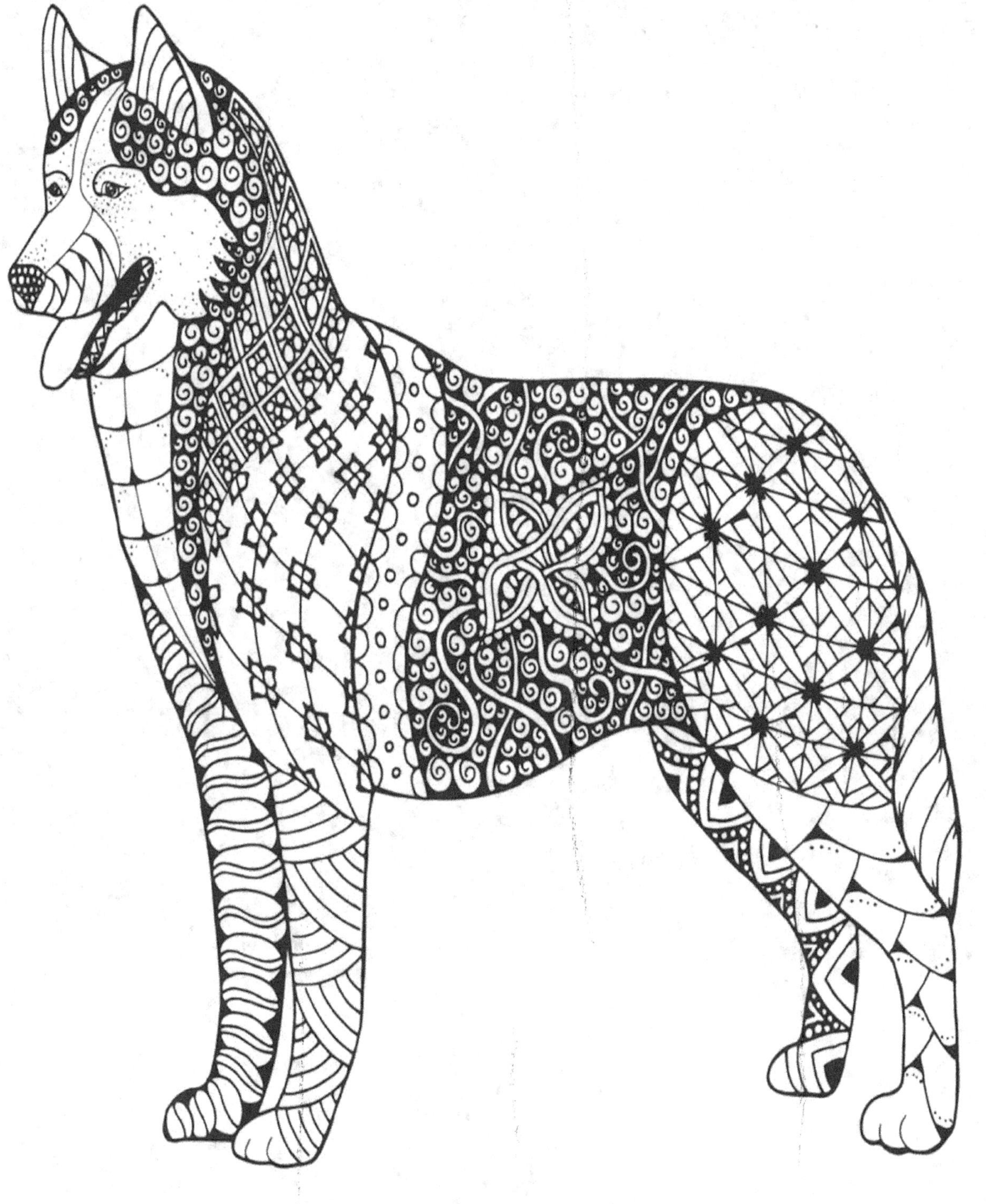

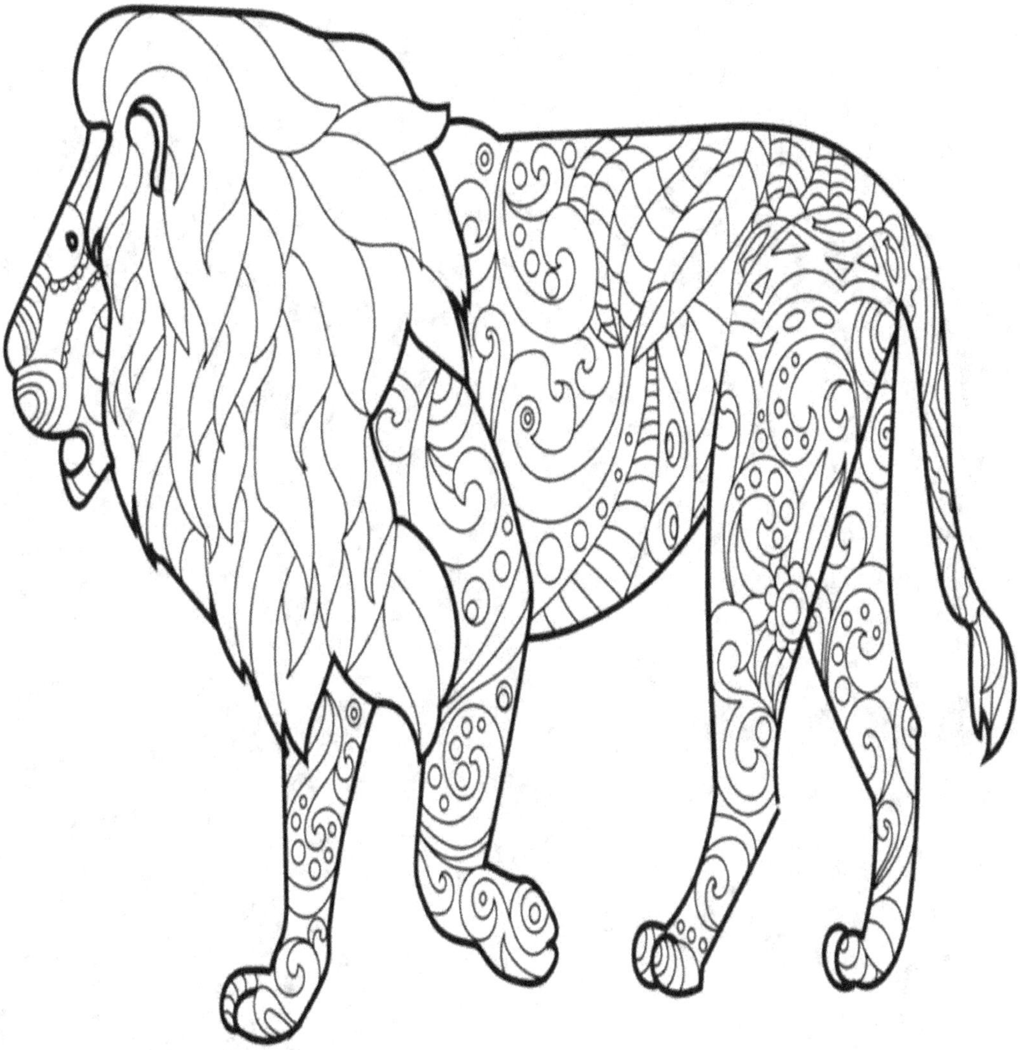

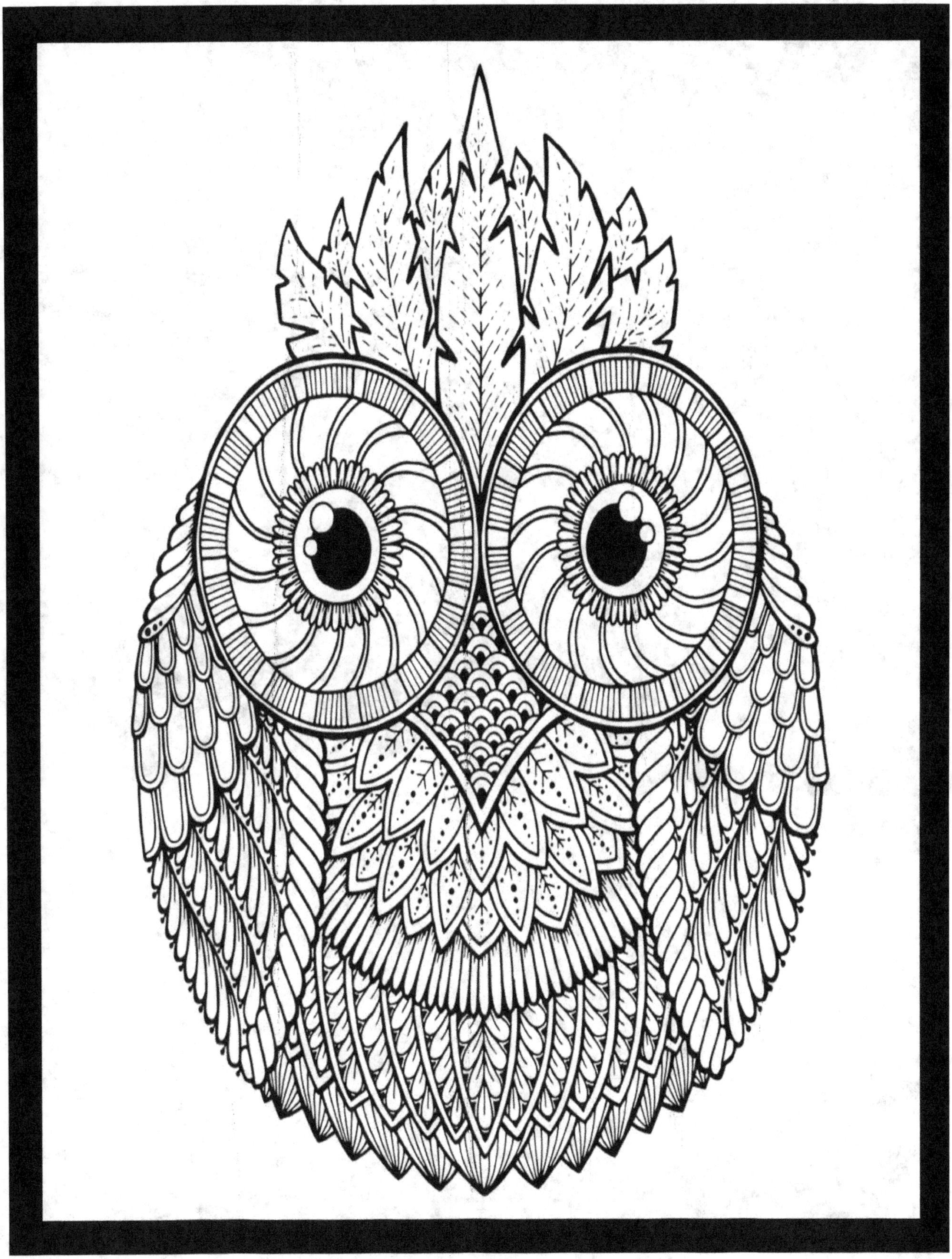

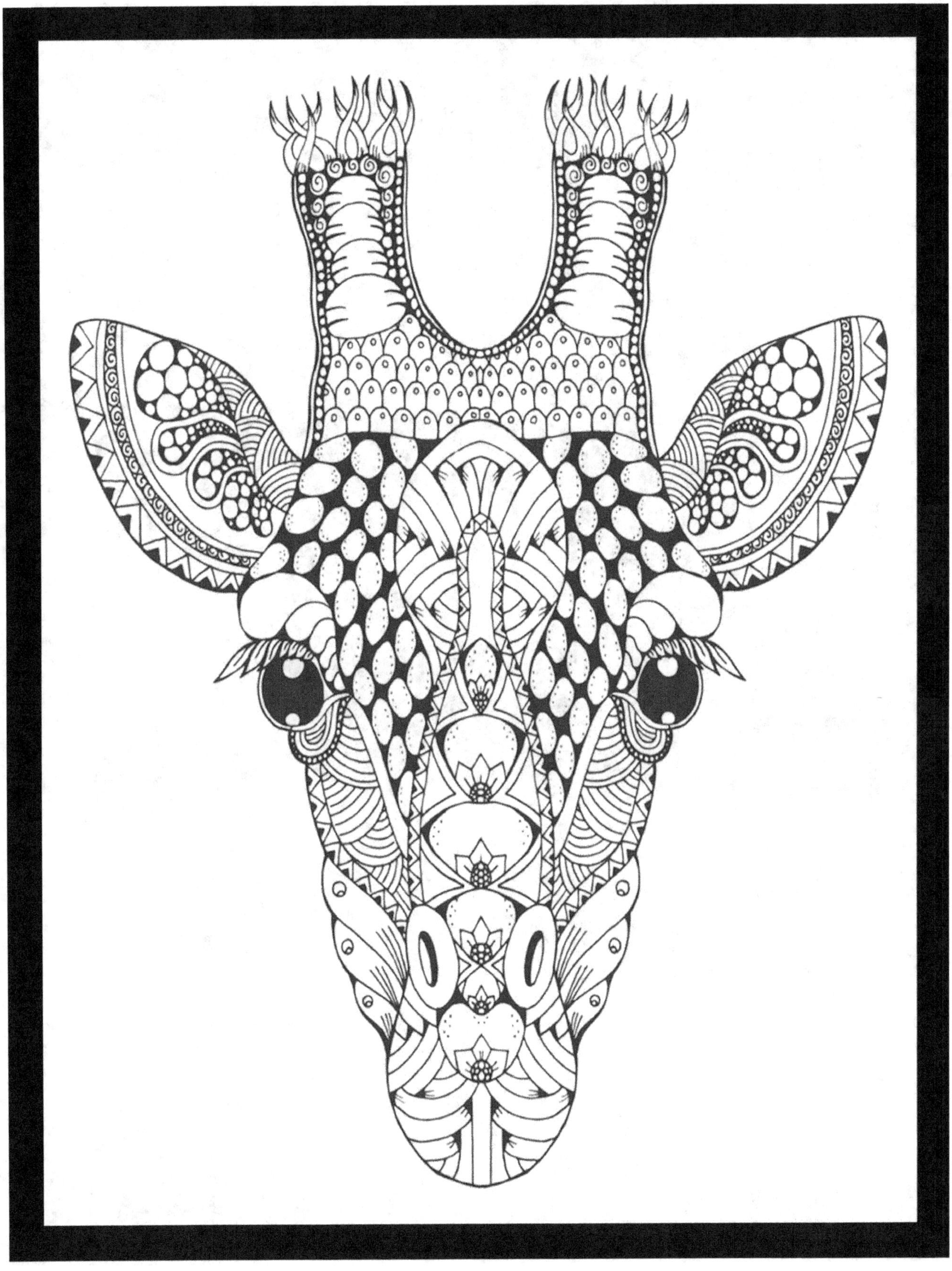

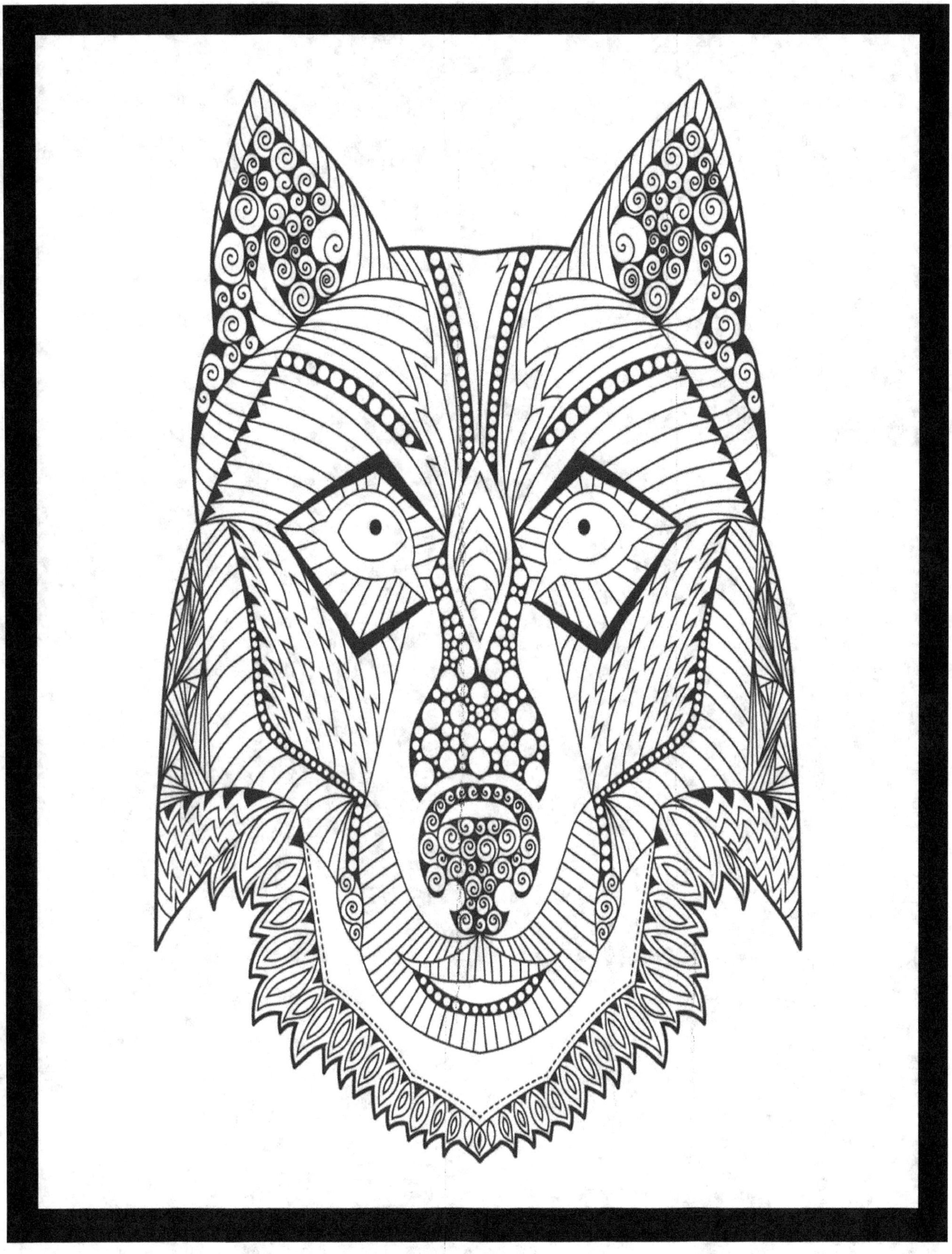

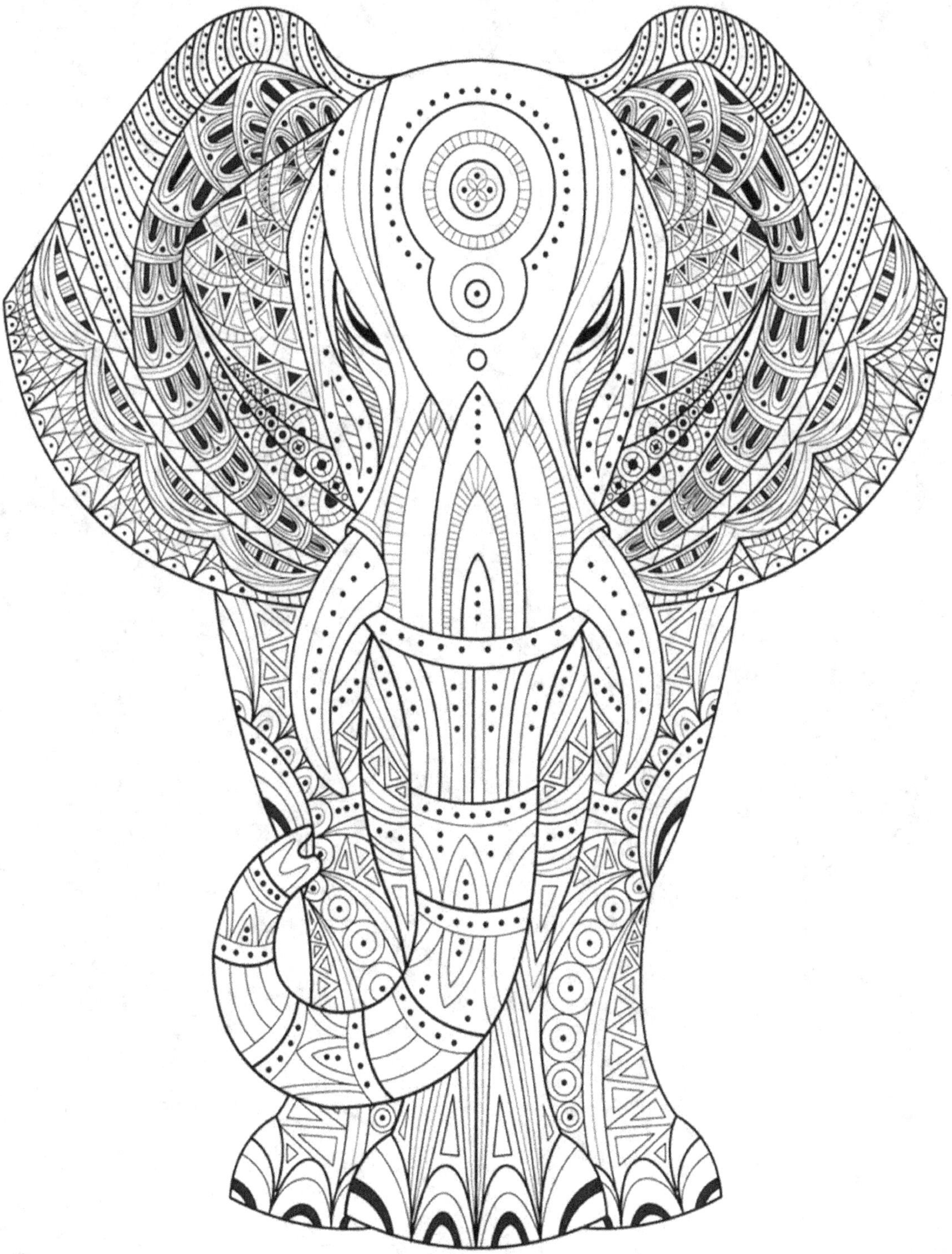

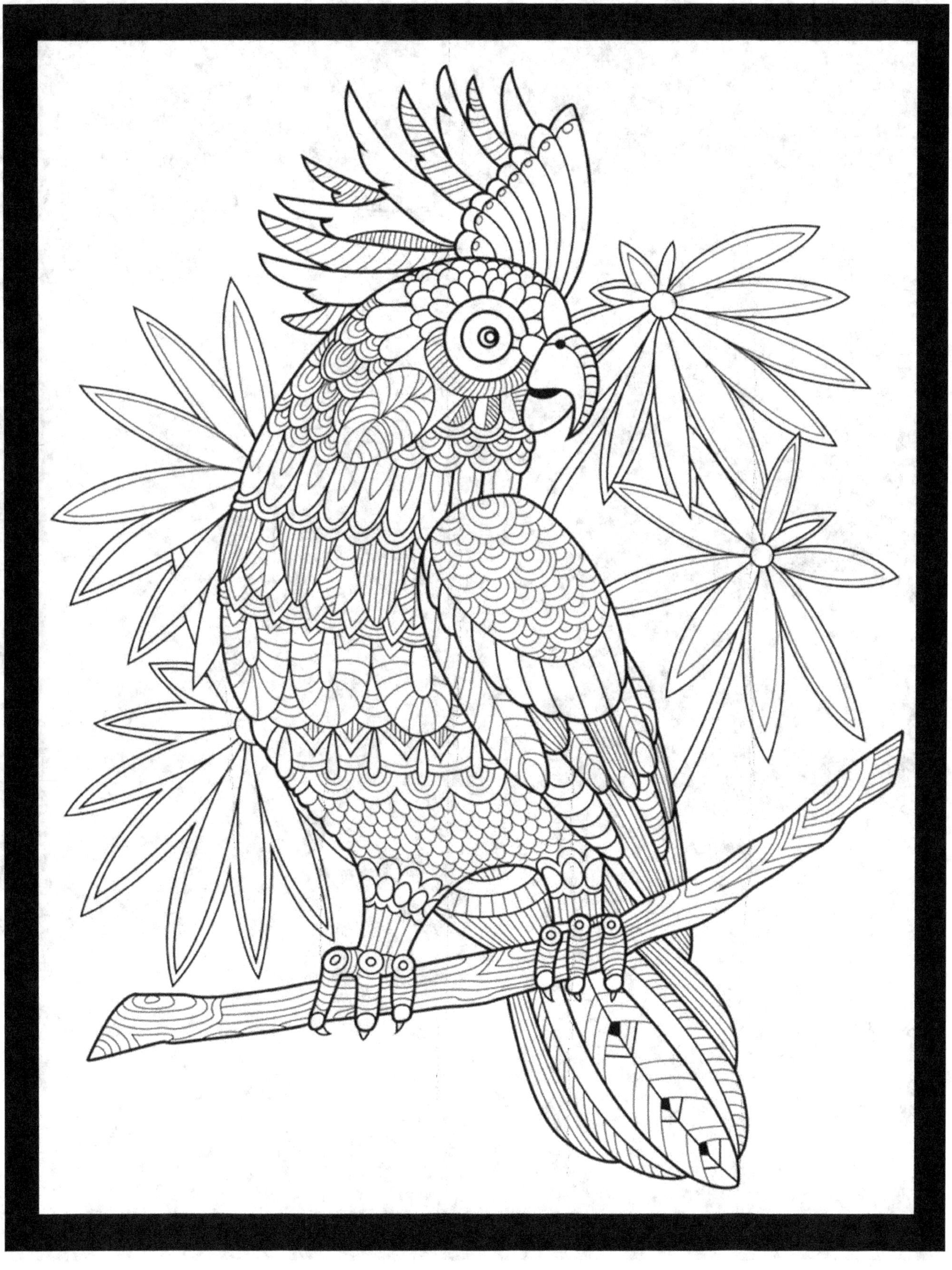

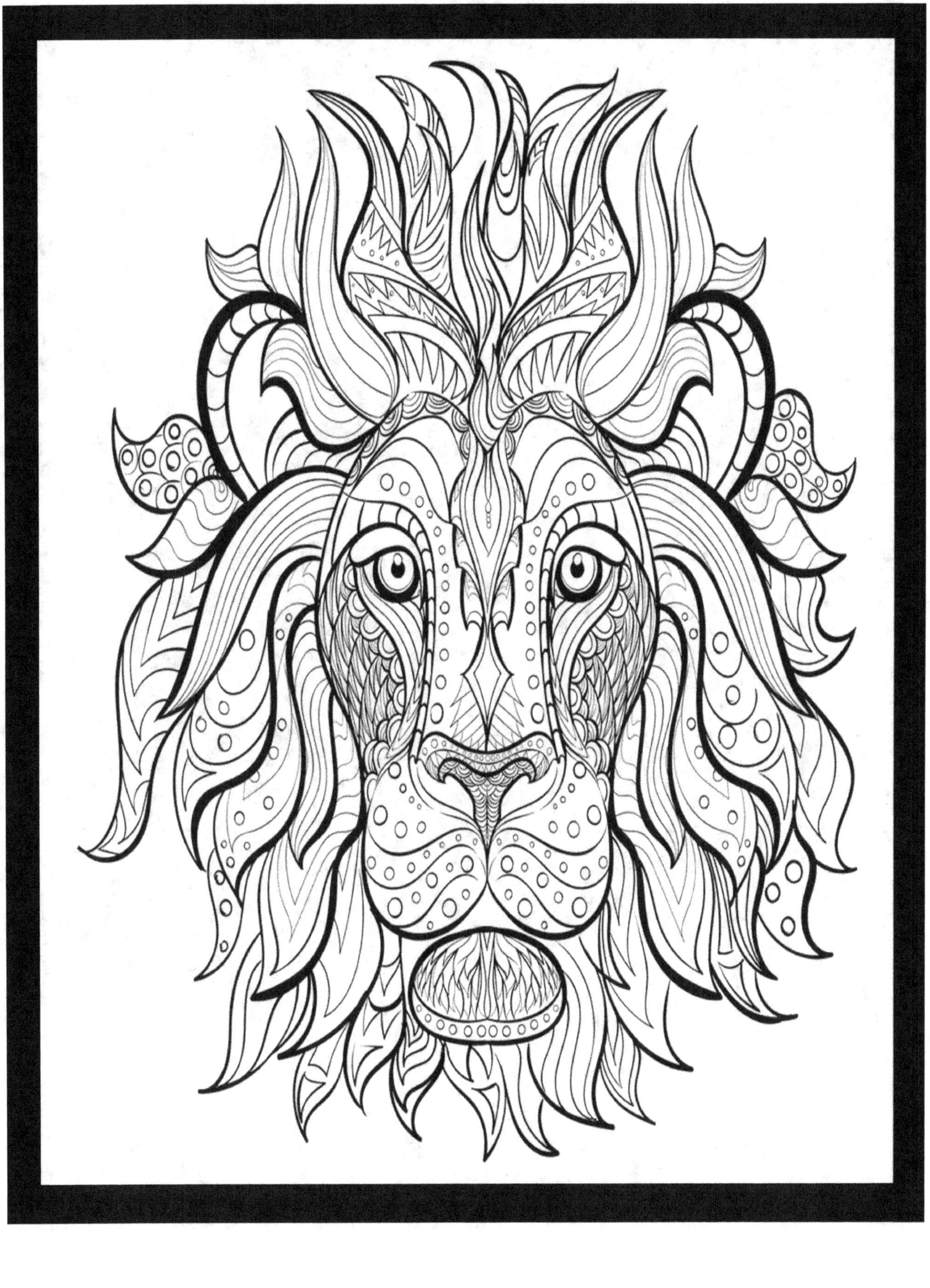

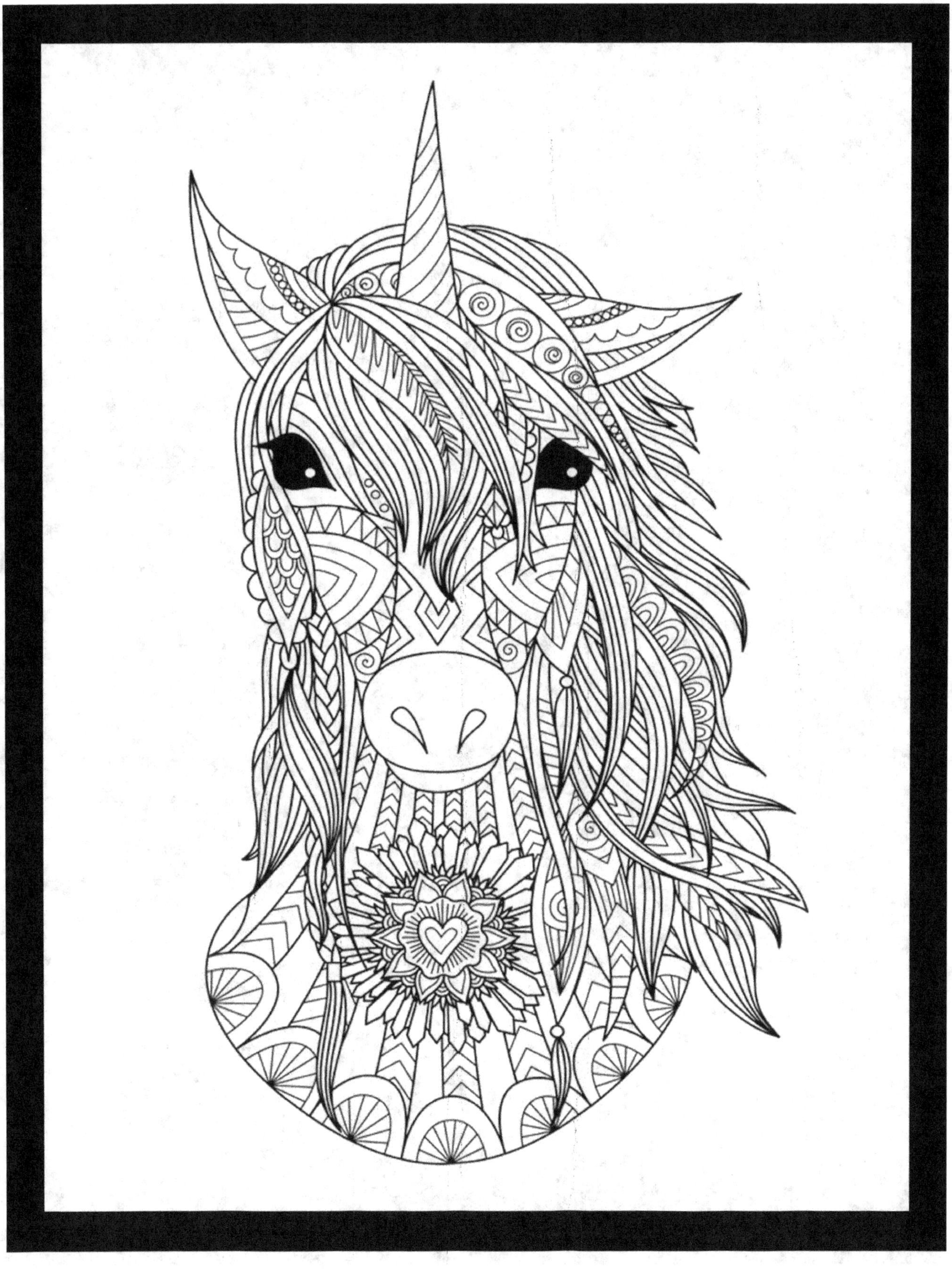

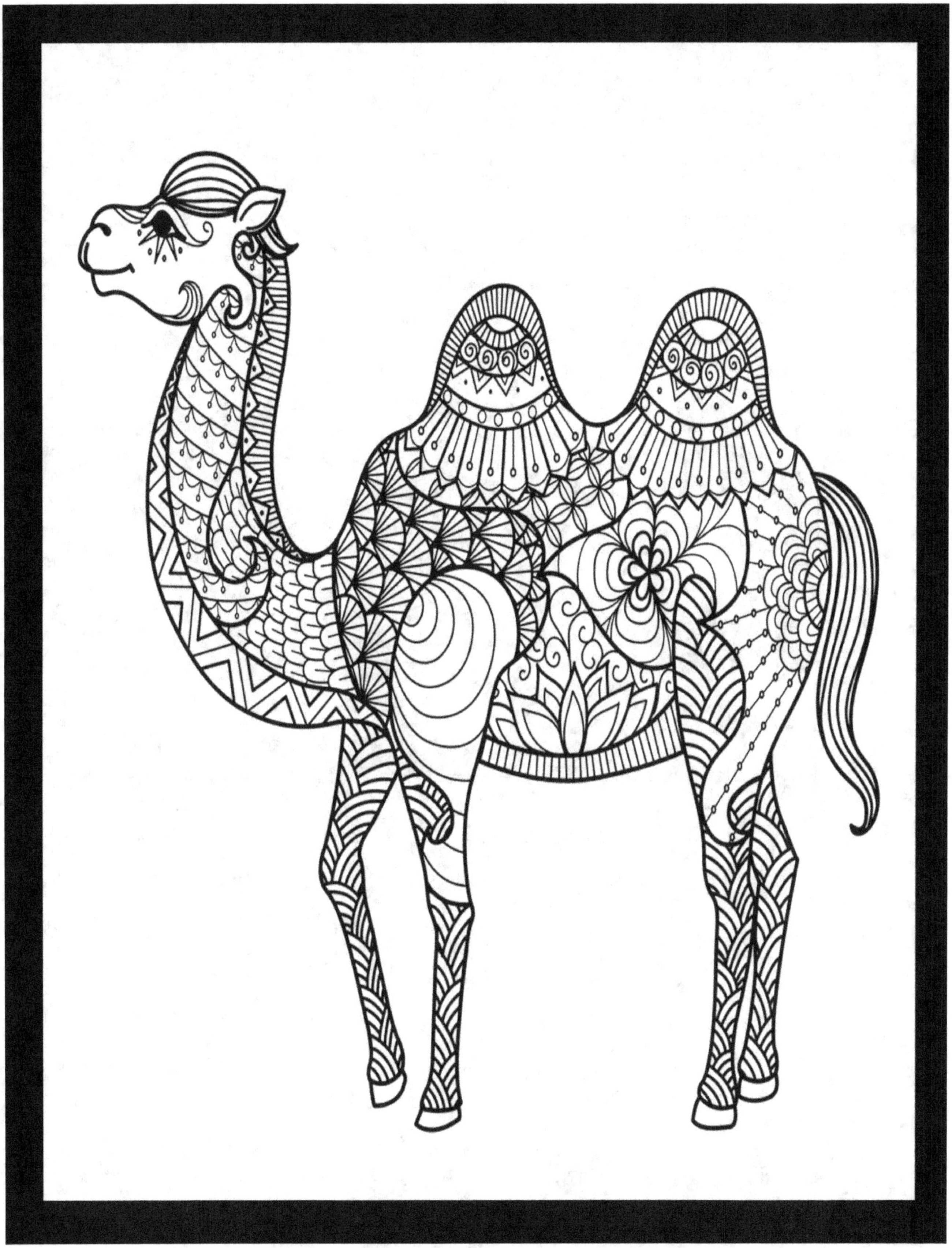

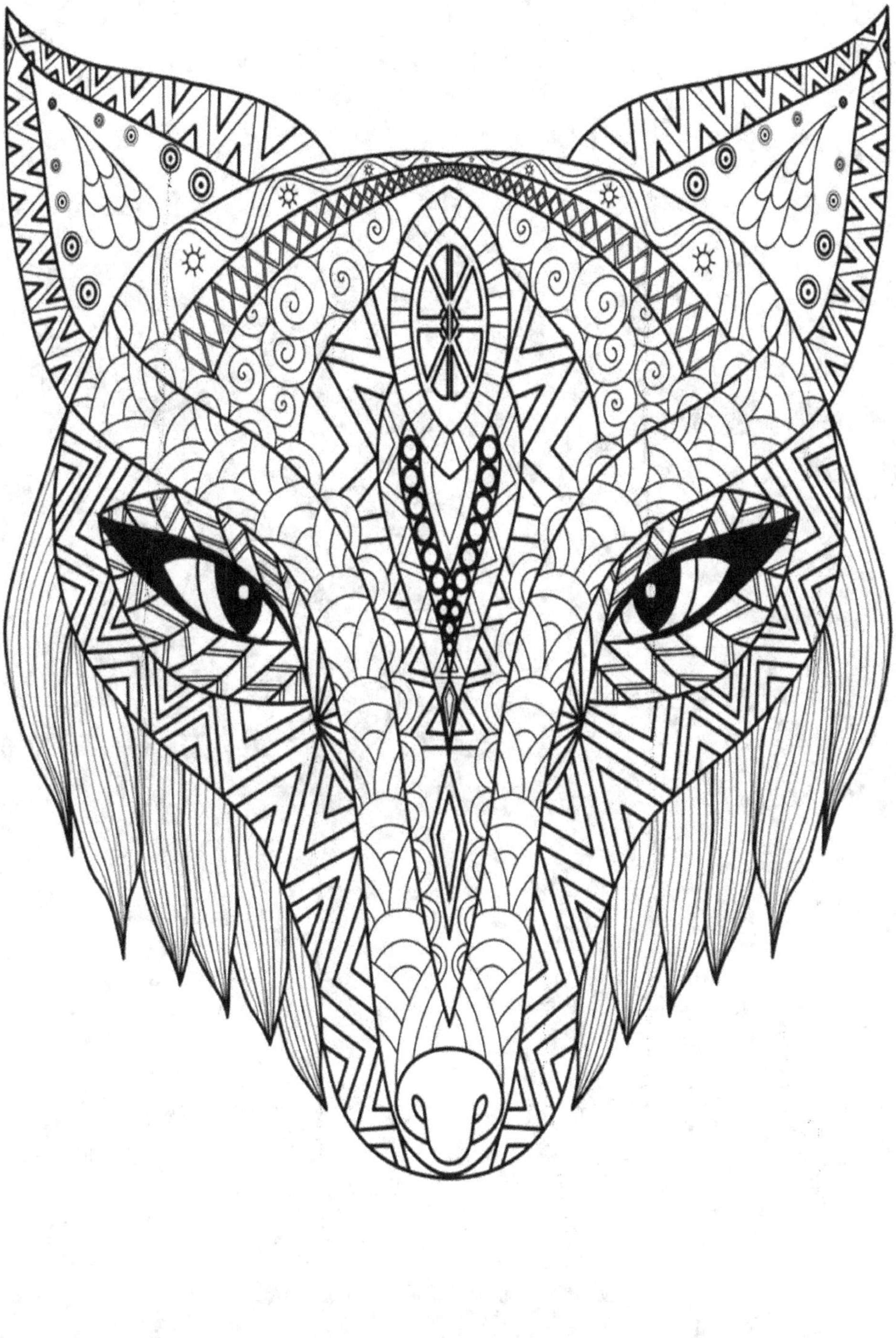

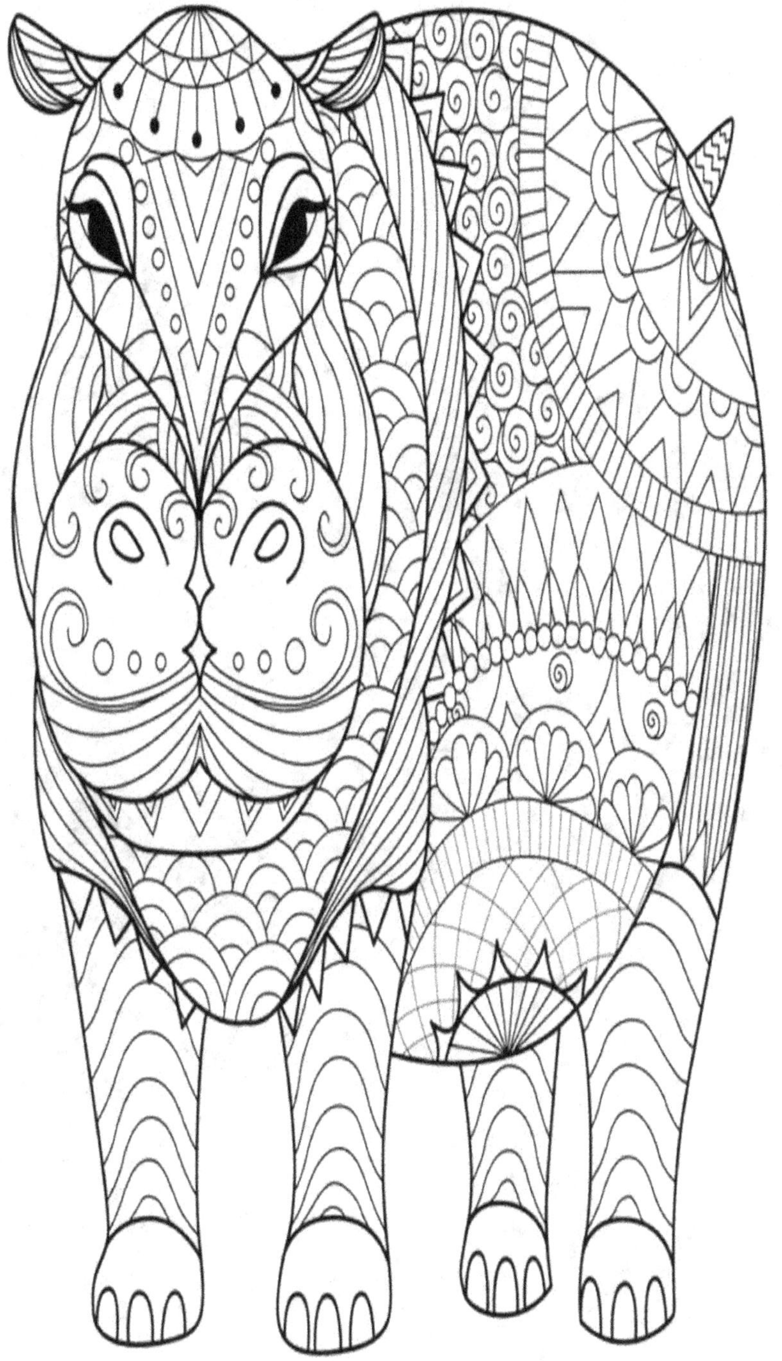

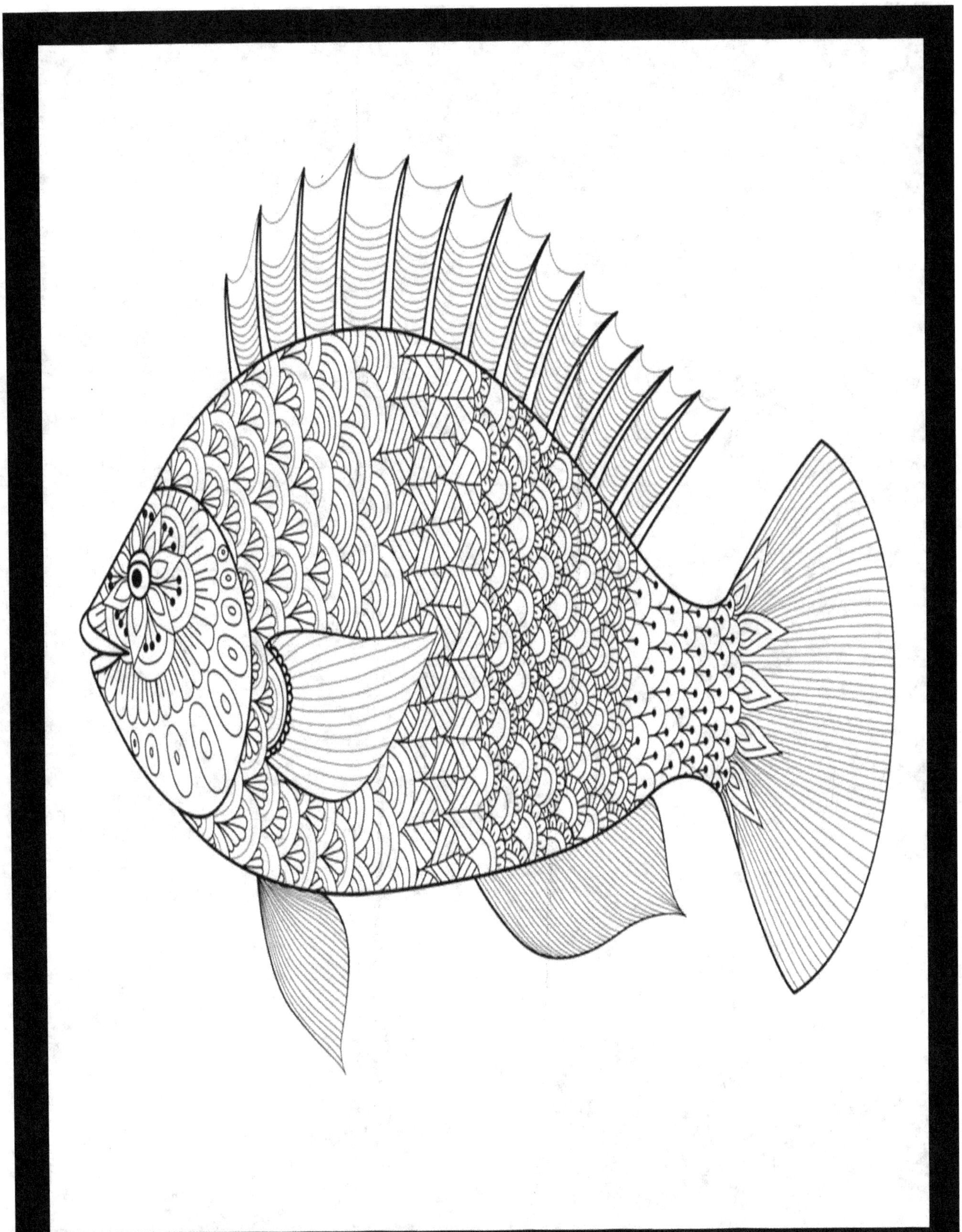

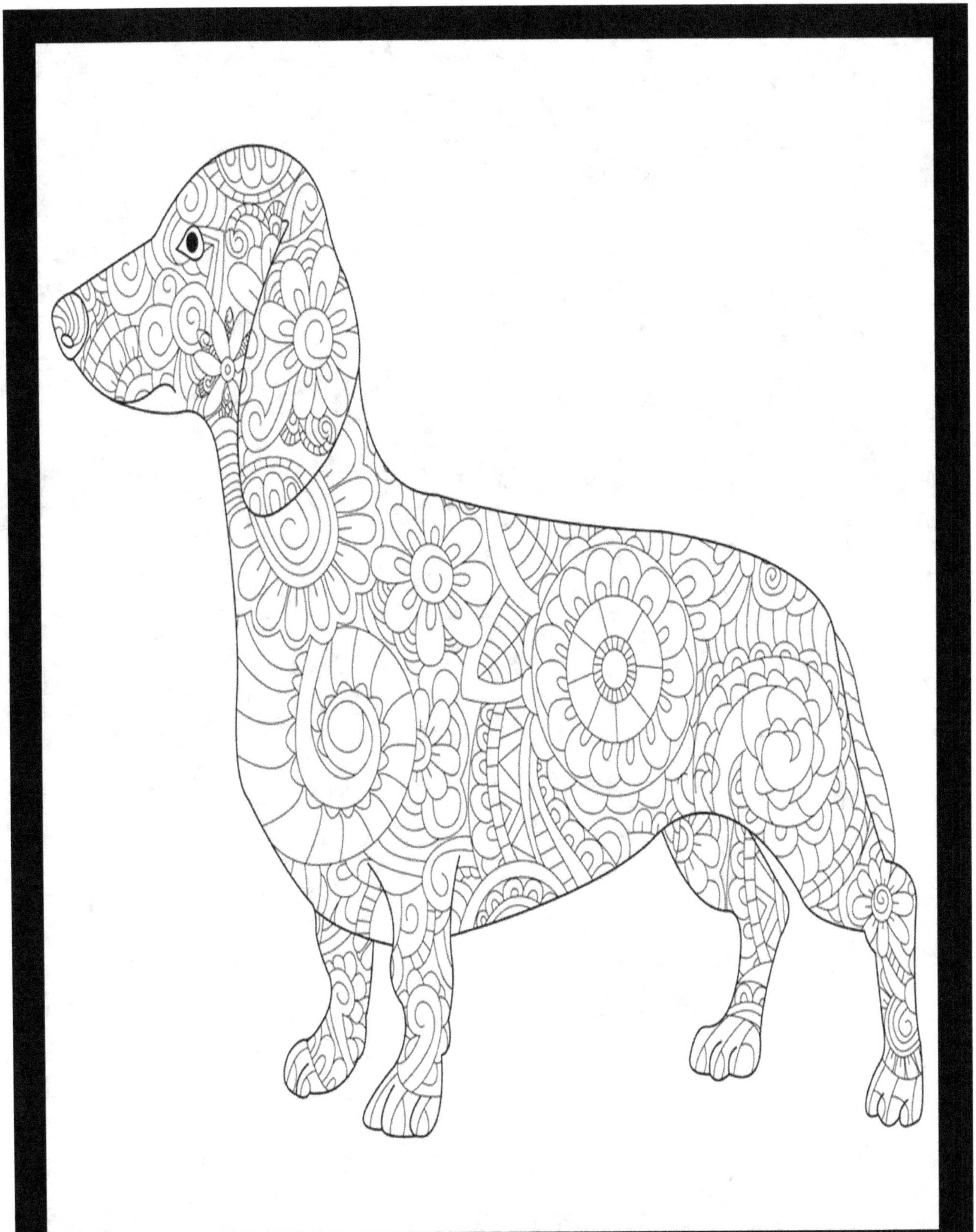

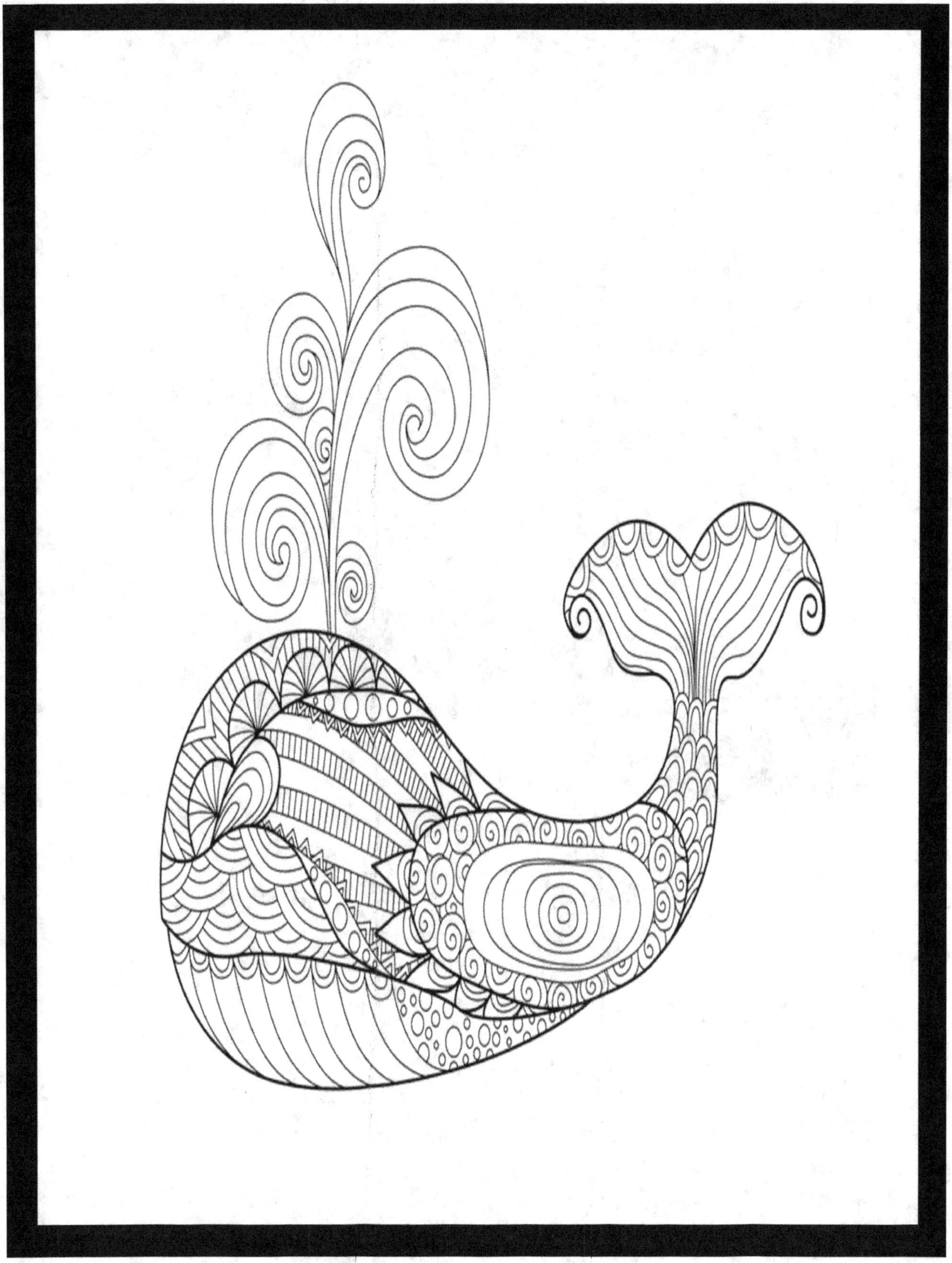

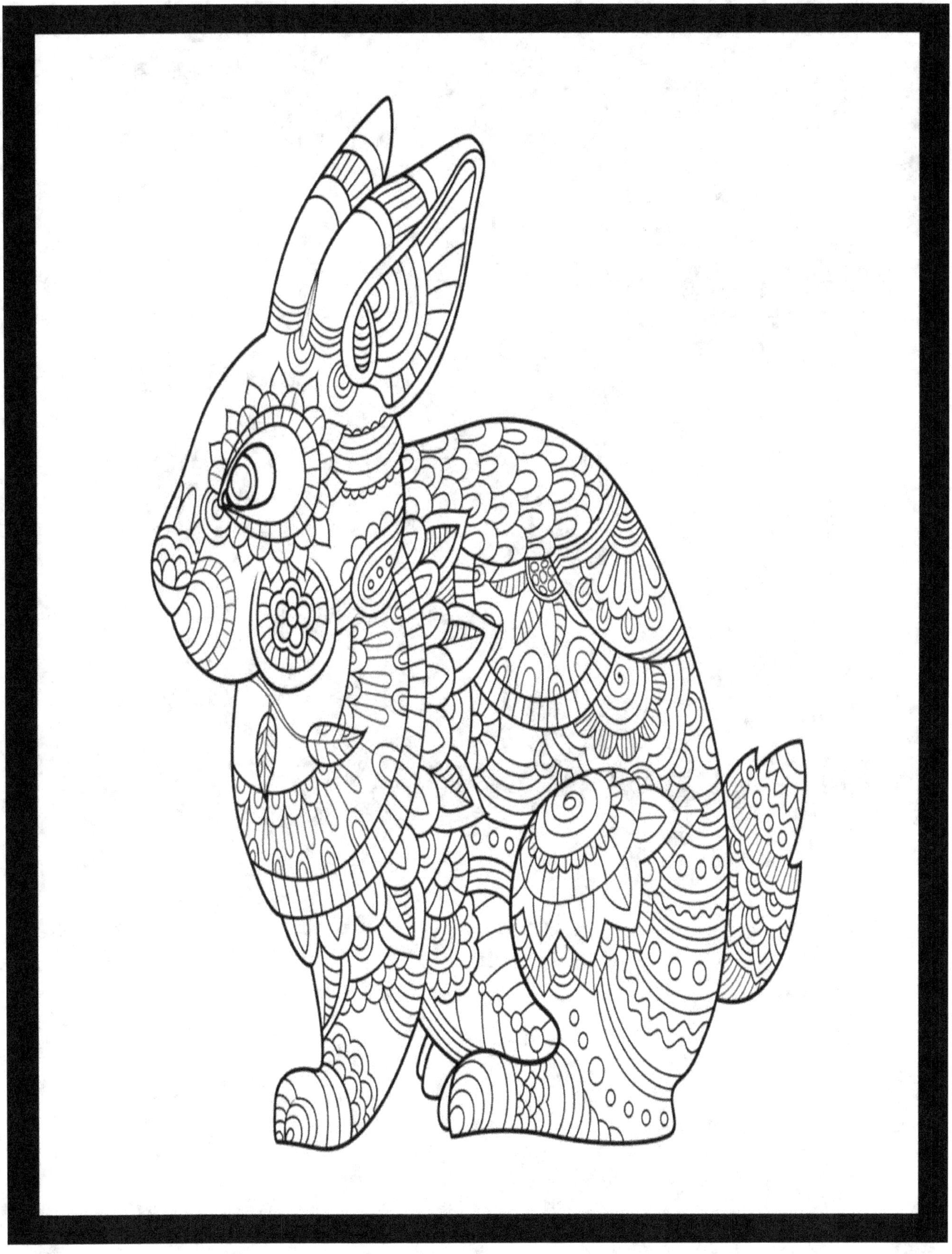

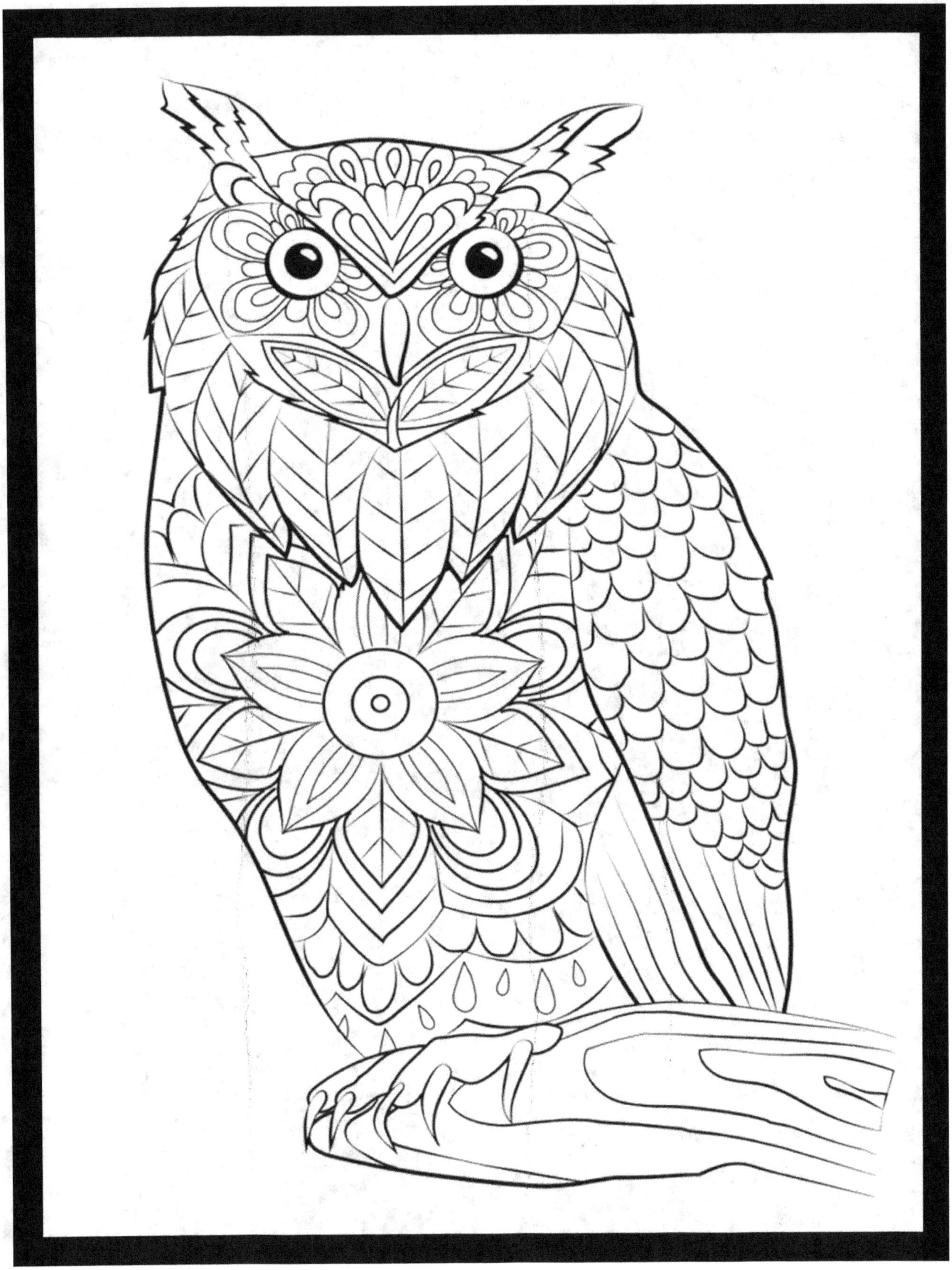

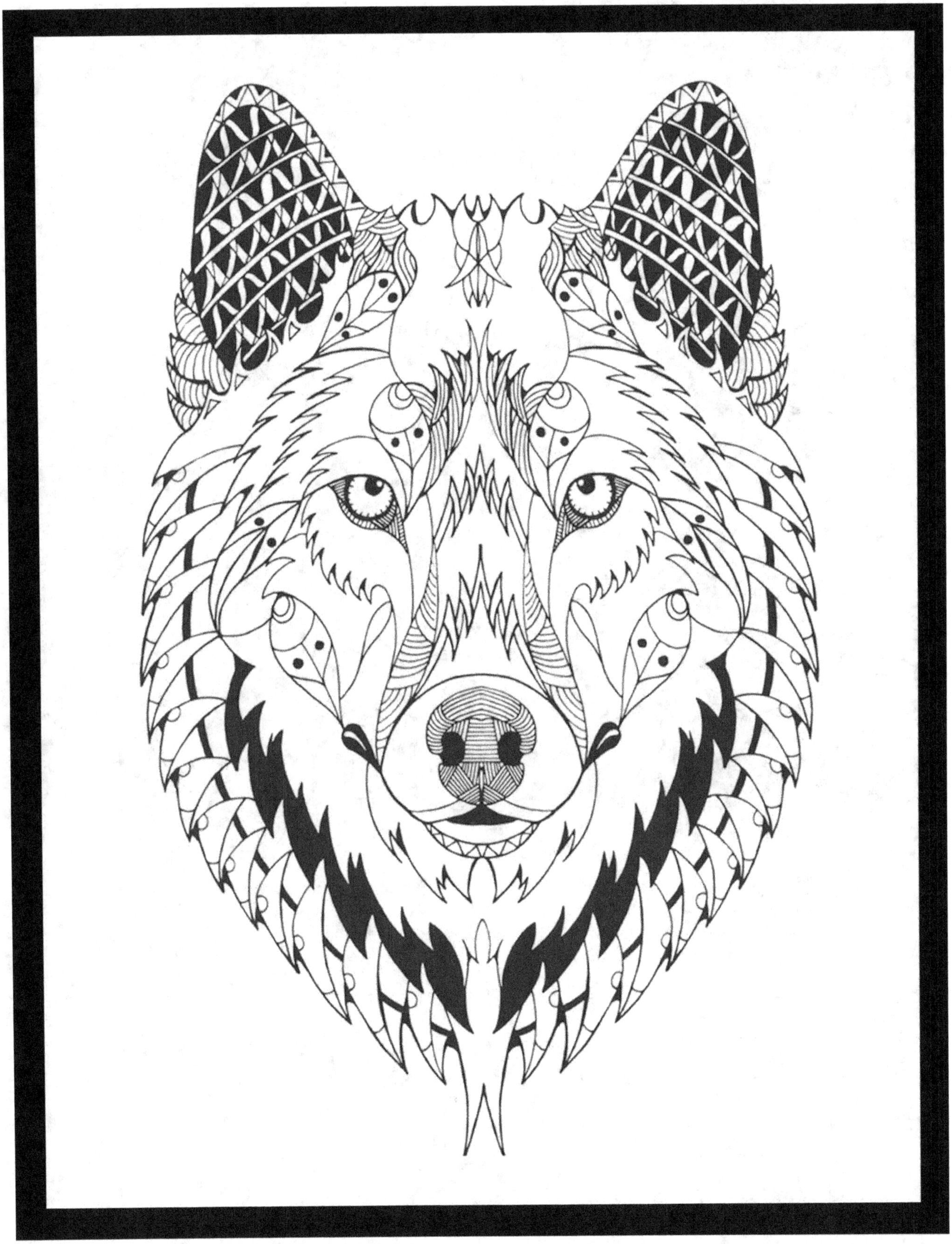

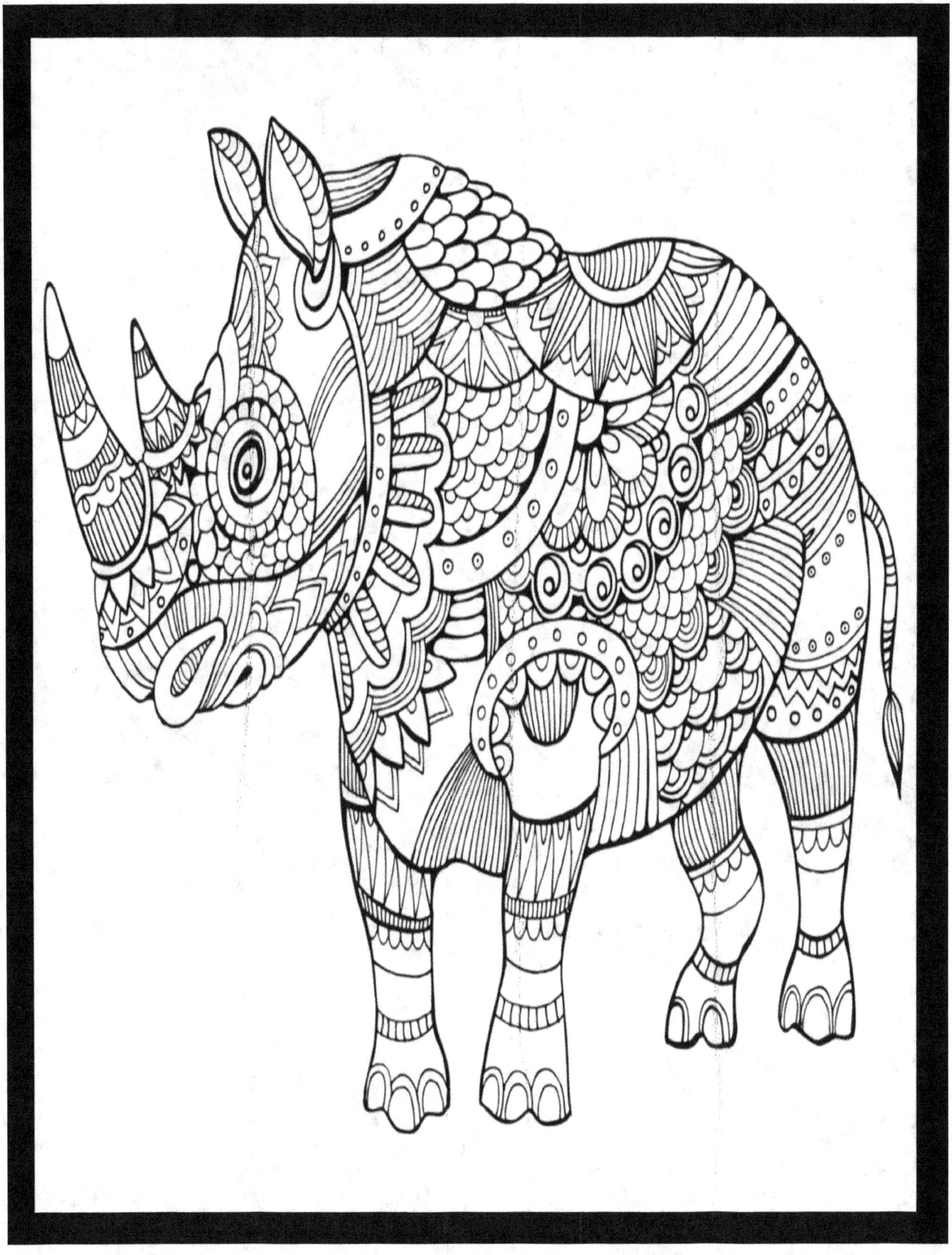

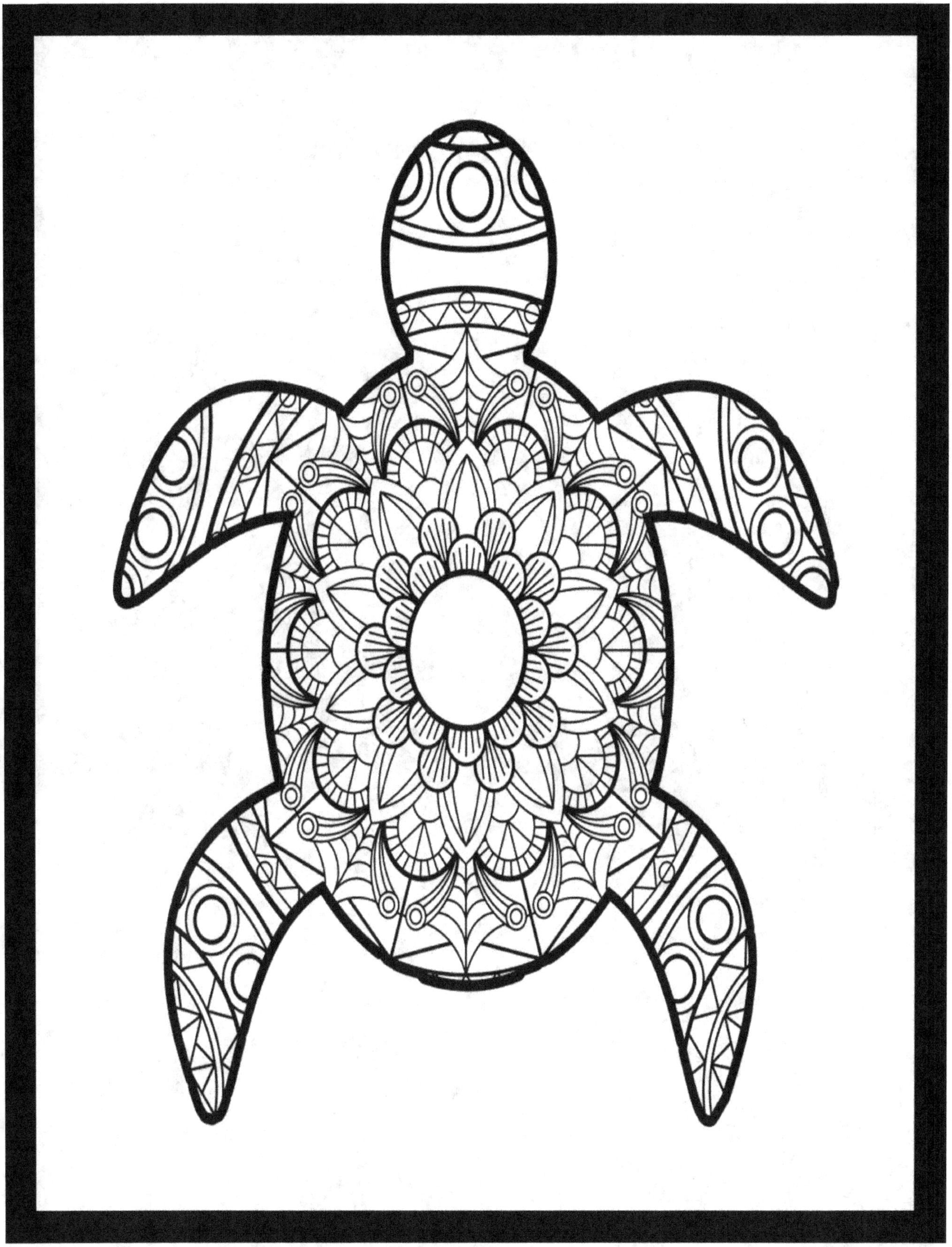

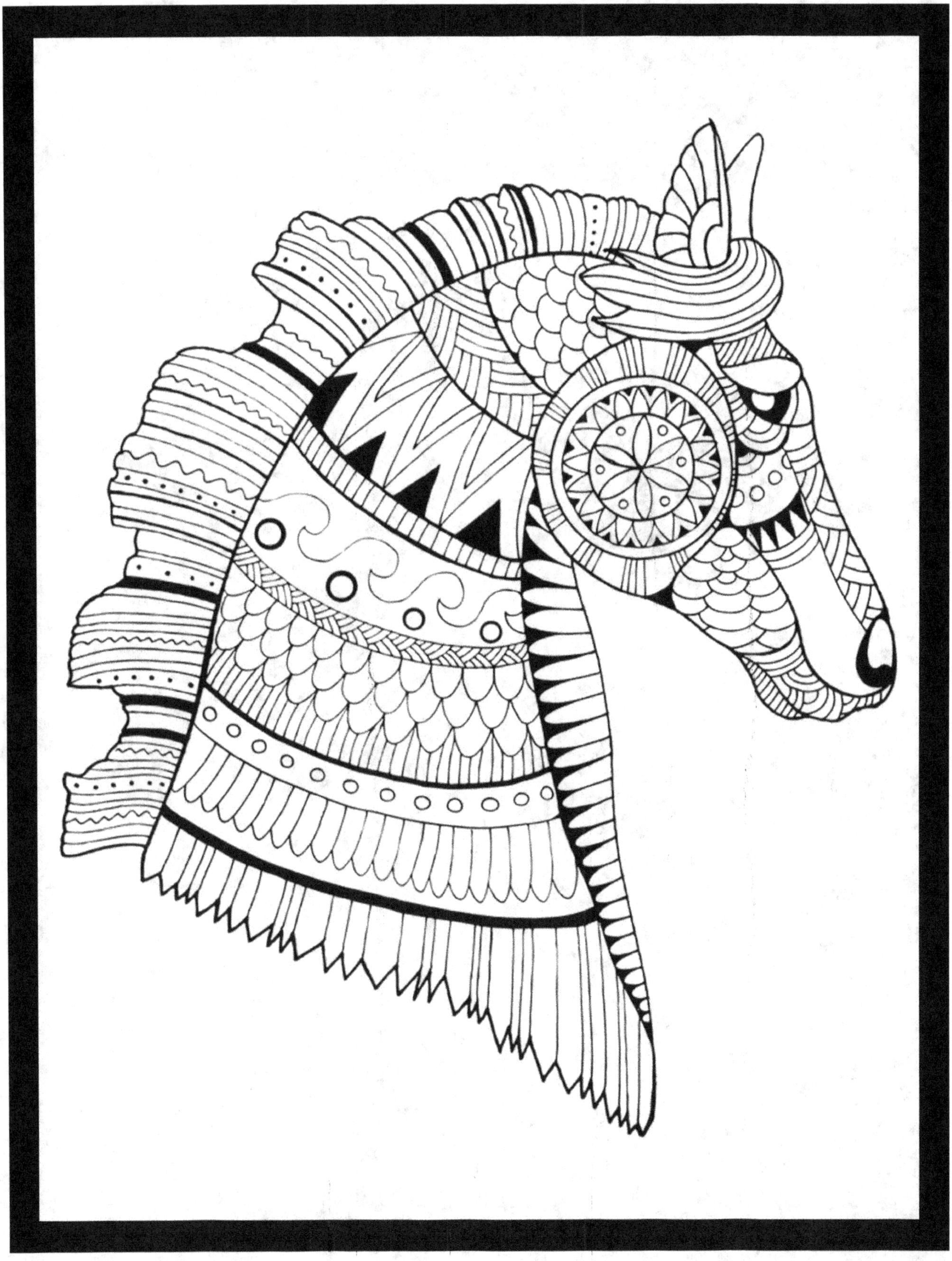

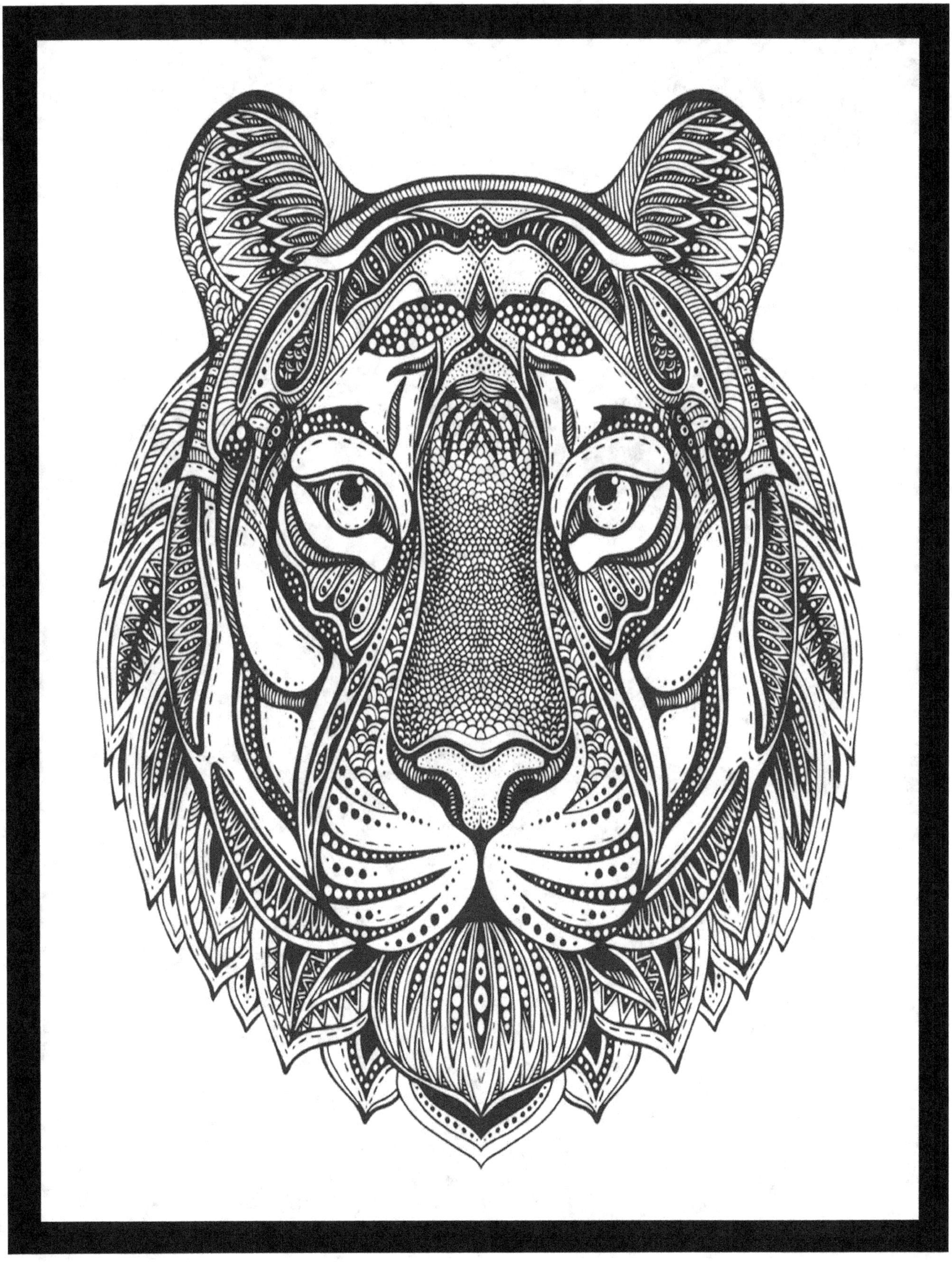

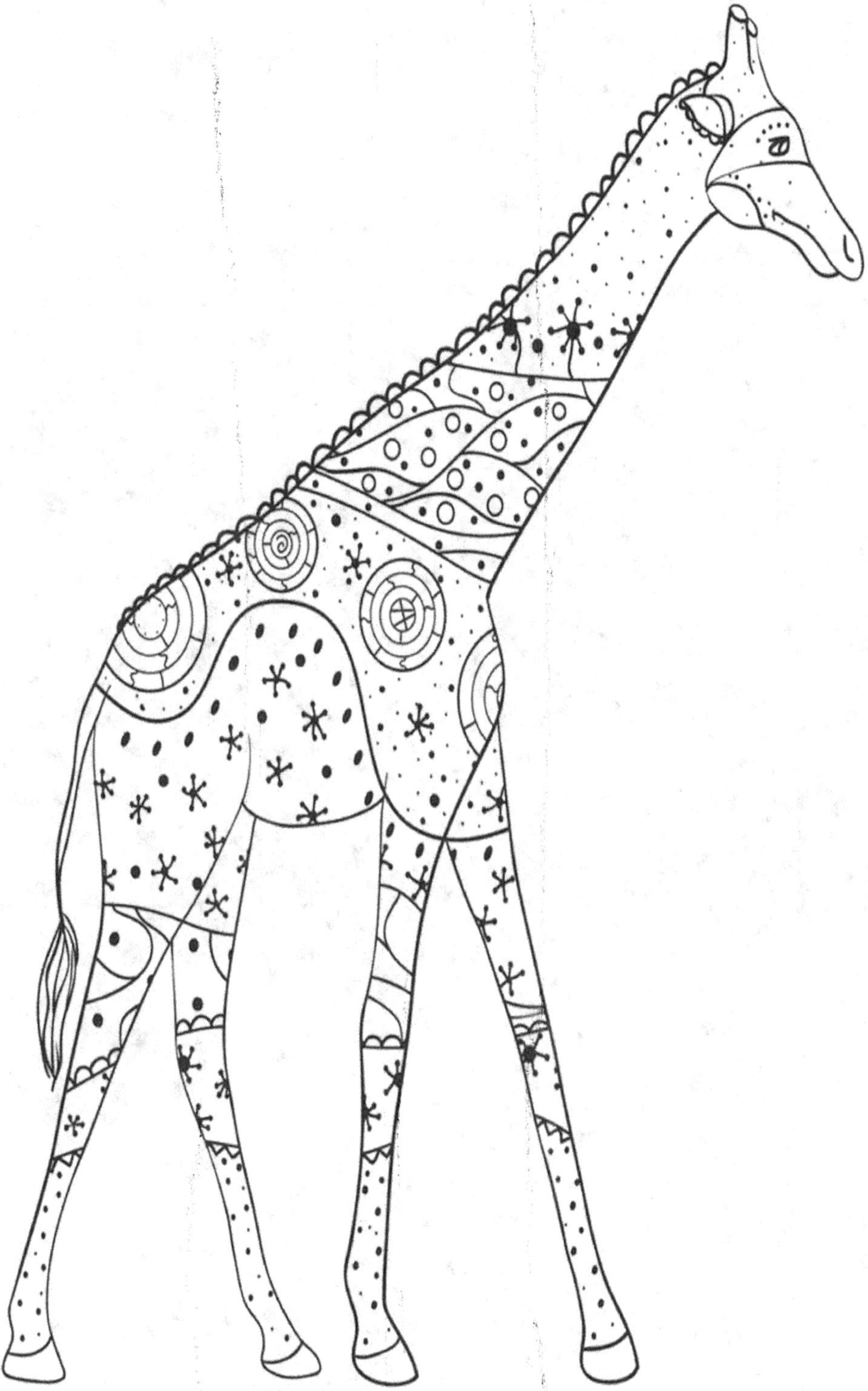

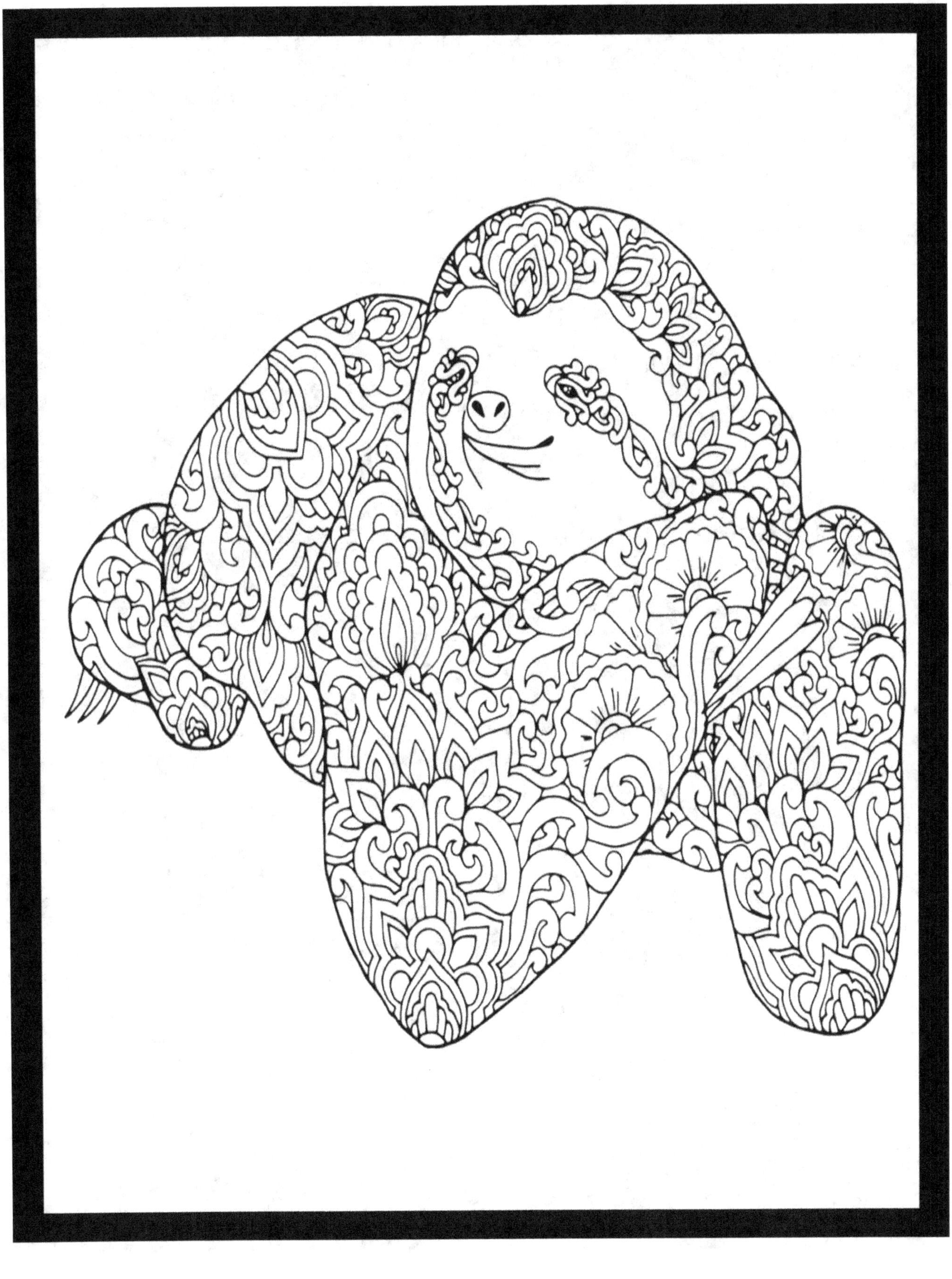

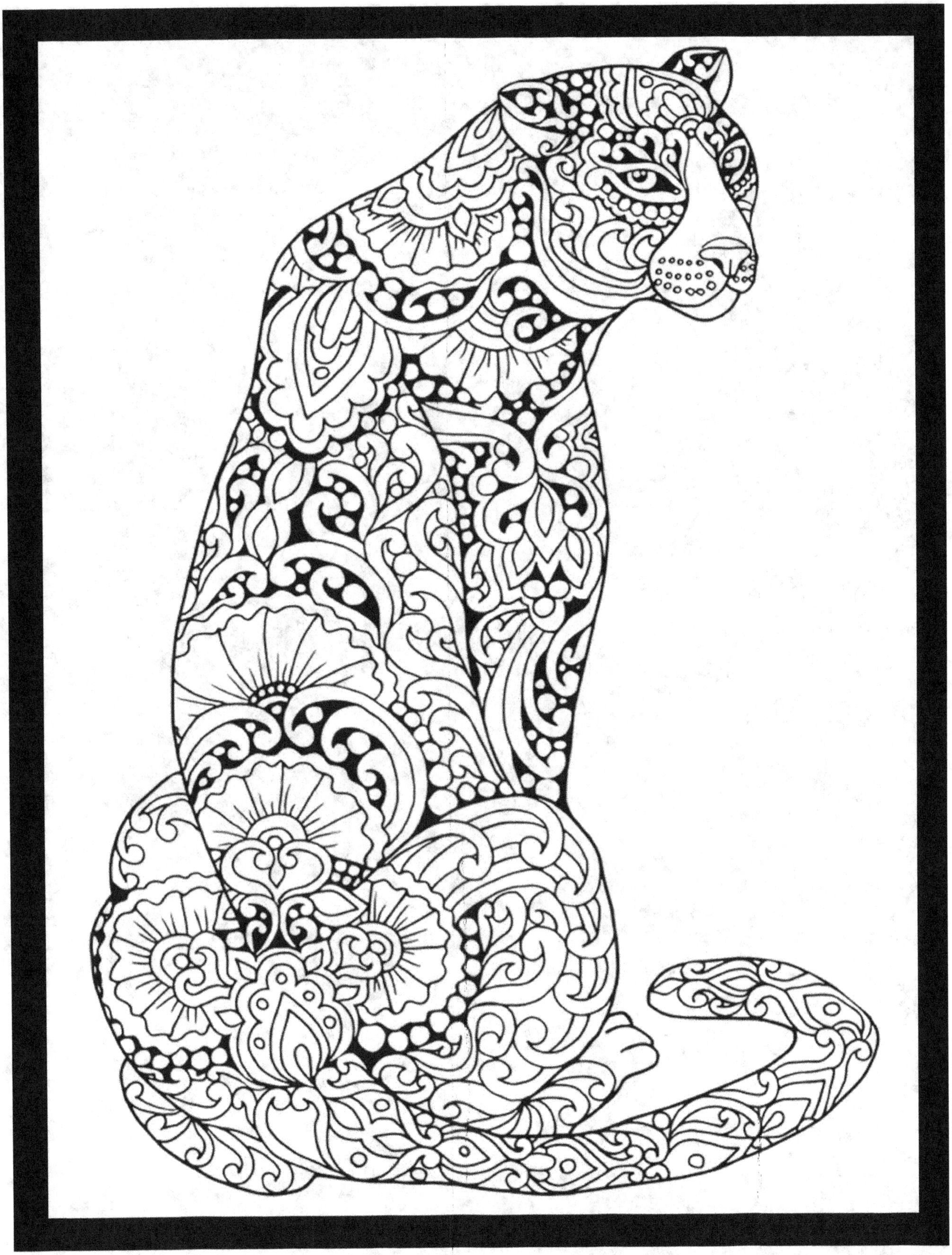

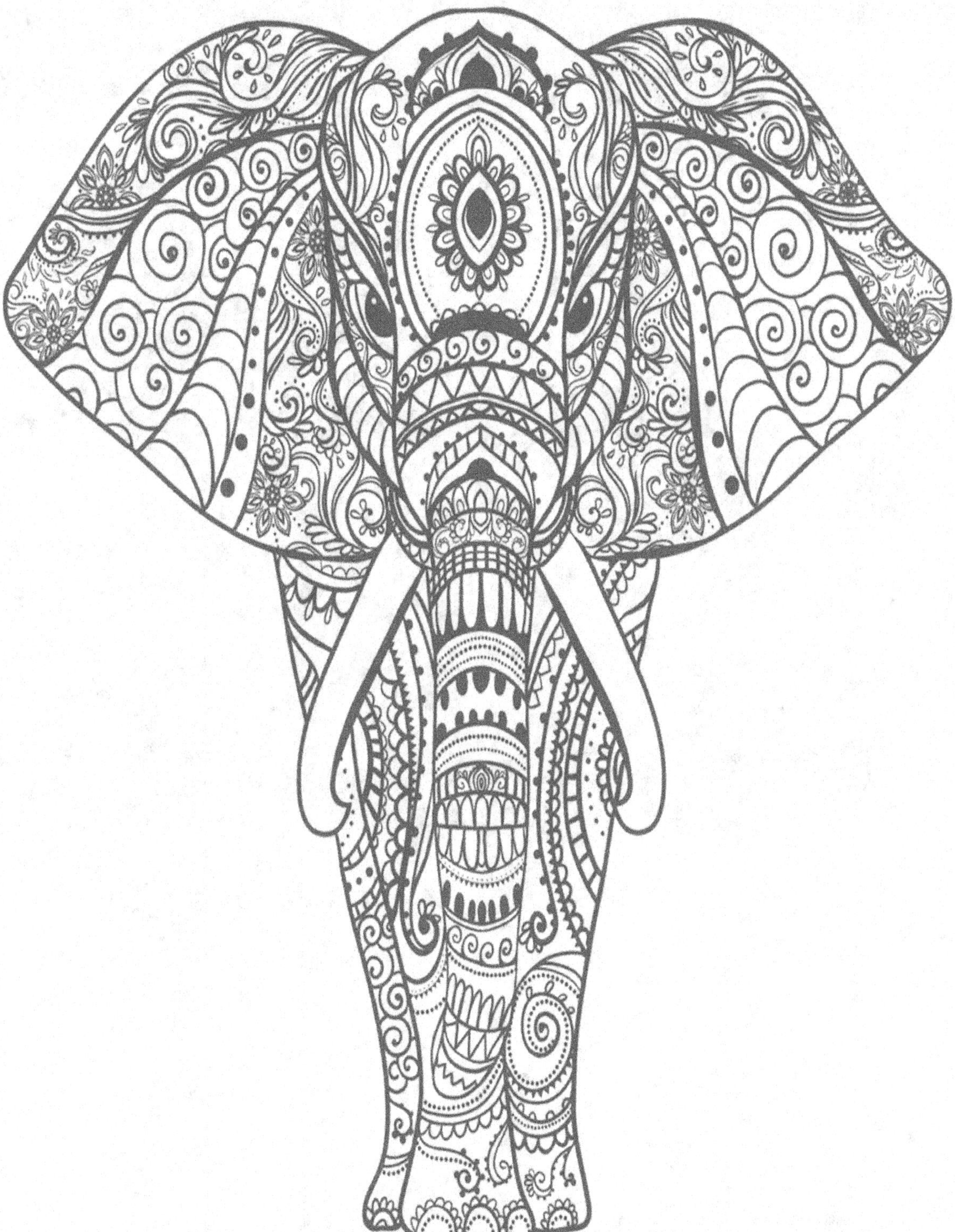

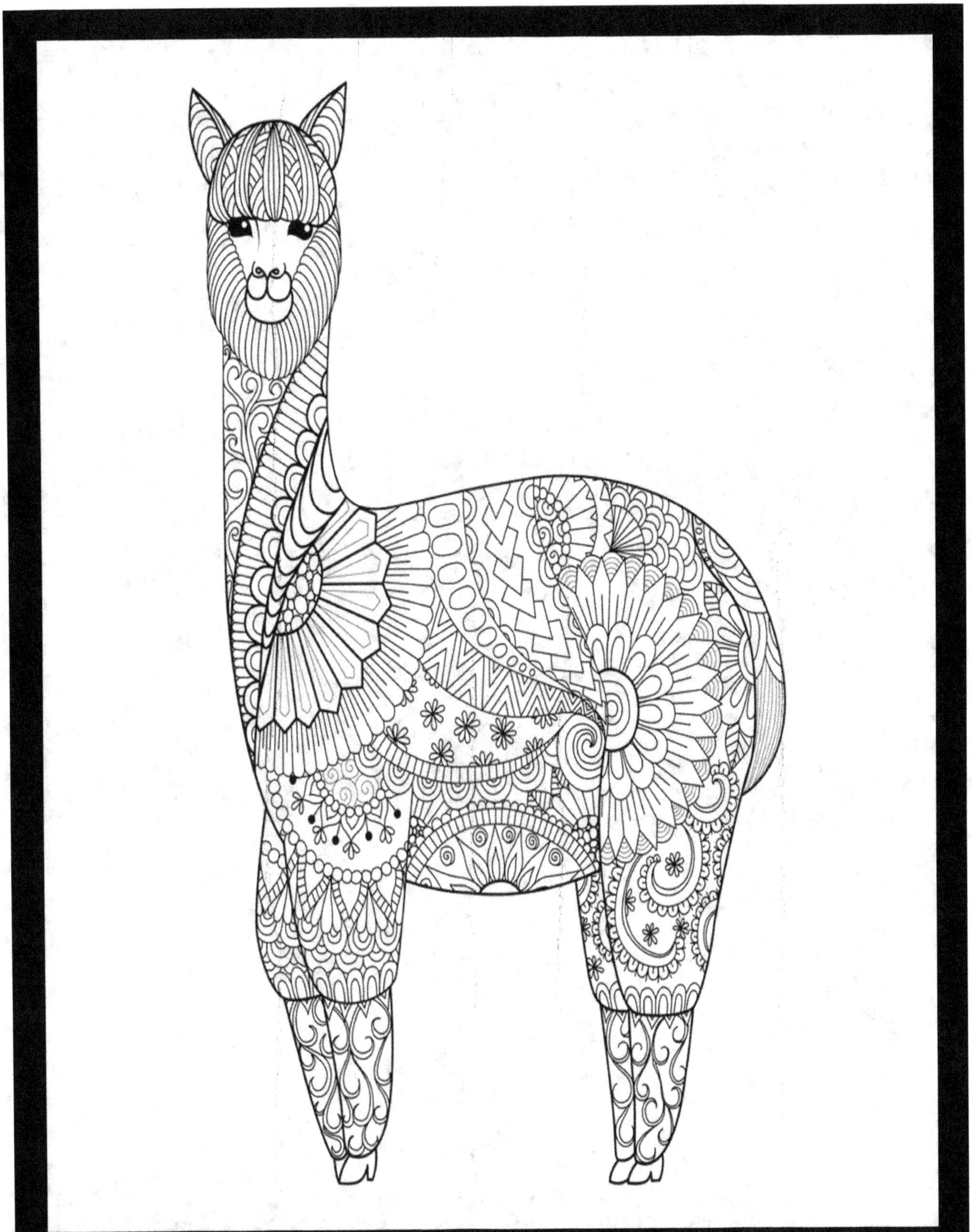

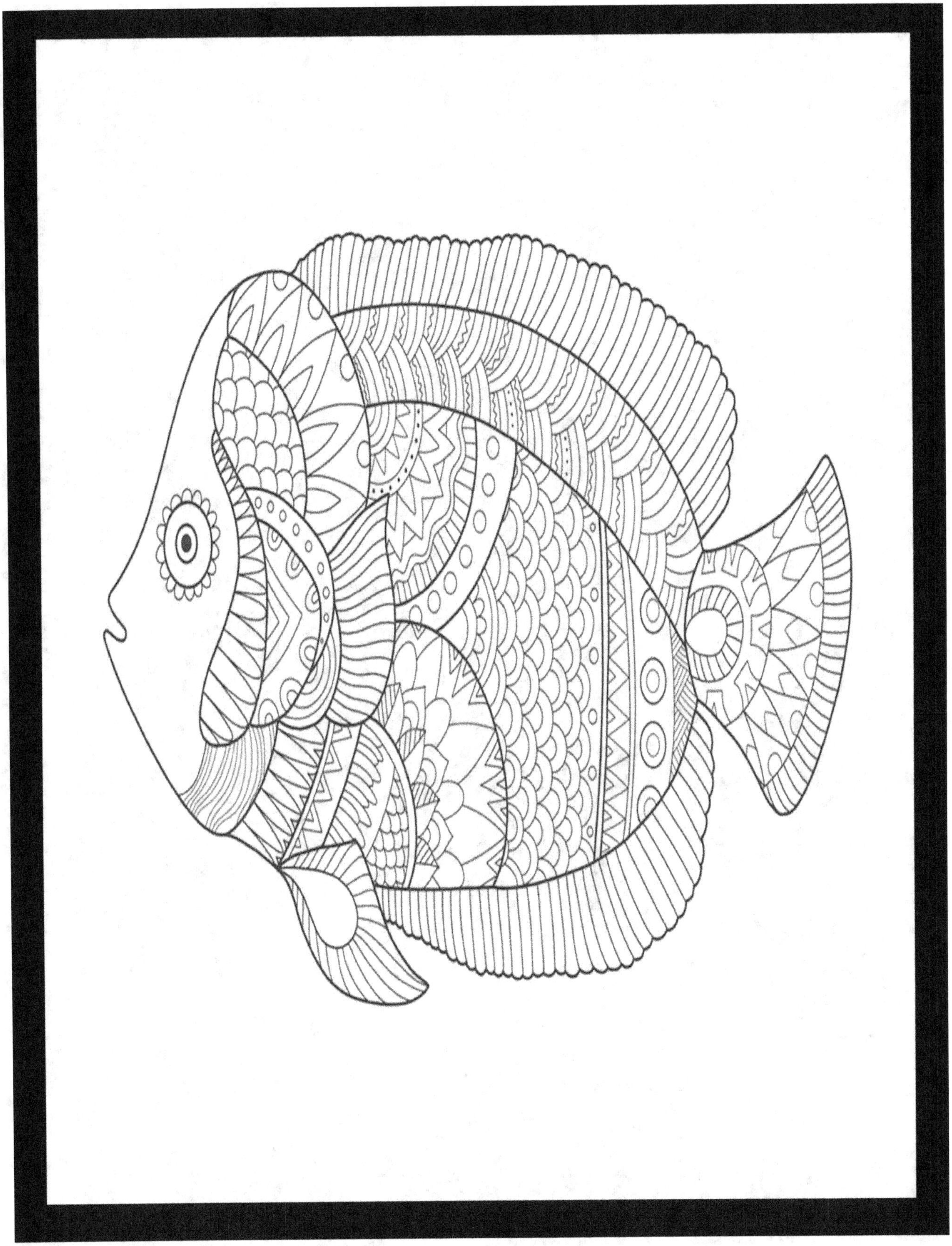

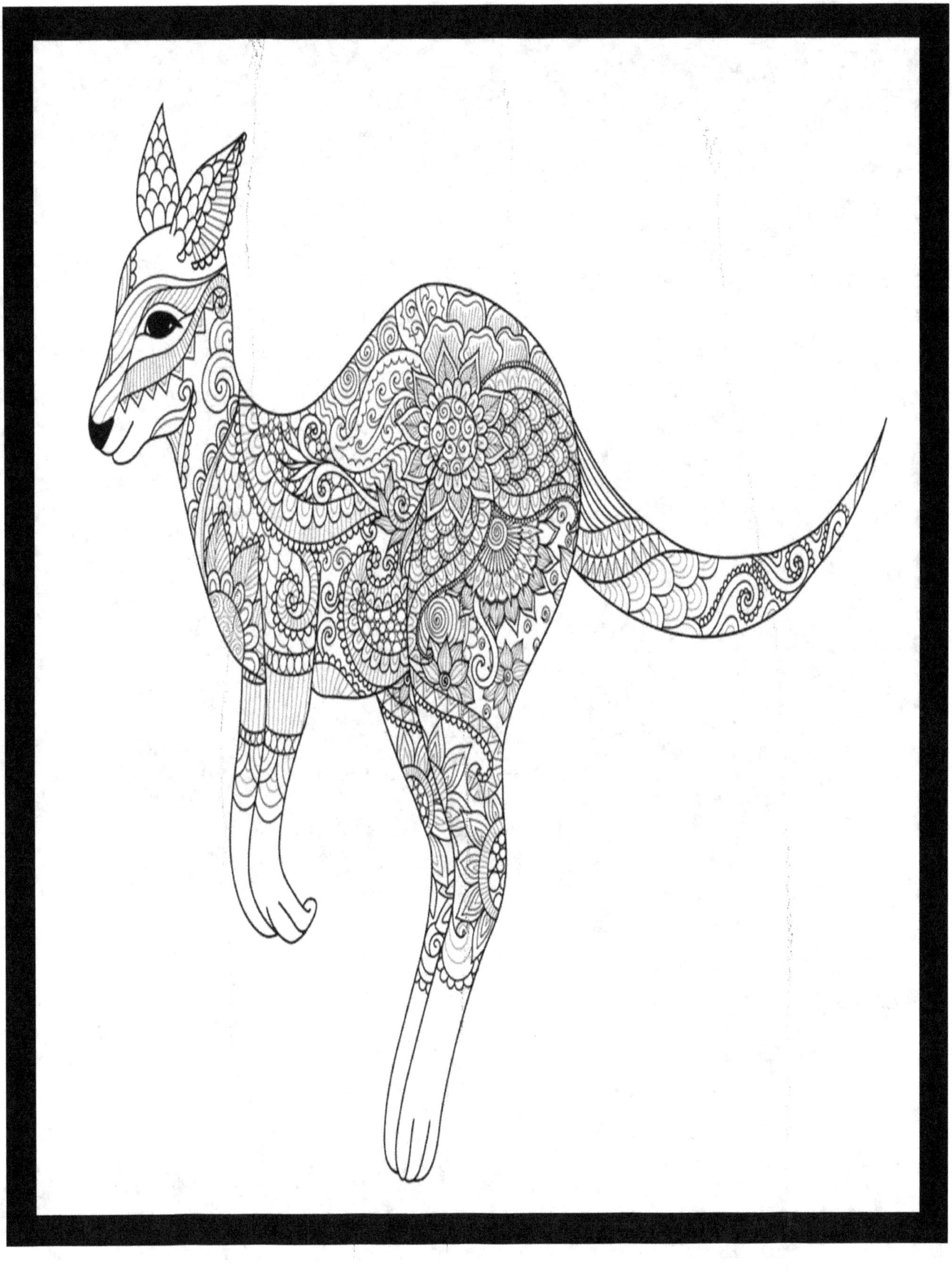

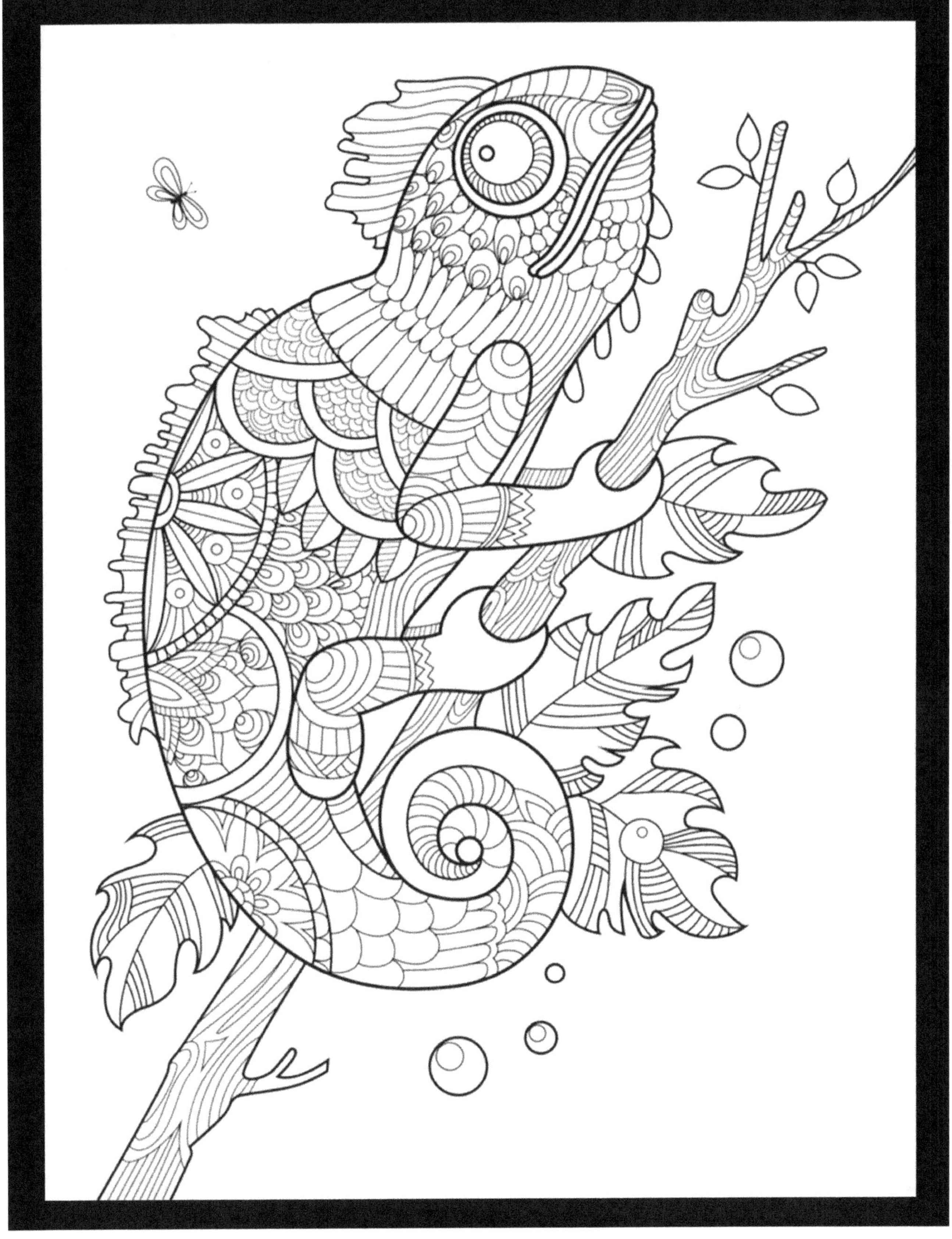

www.ingramcontent.com/pod-product-compliance
Lightning Source LLC
Chambersburg PA
CBHW080506220526
45465CB00006B/2390
* 9 7 9 8 6 4 9 8 1 1 3 8 5 *